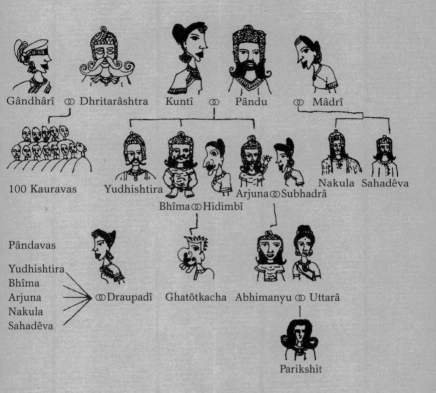

Gândhârî ⚭ Dhritarâshtra   Kuntî ⚭ Pându   ⚭ Mâdrî

100 Kauravas   Yudhishtira   Arjuna ⚭ Subhadrâ   Nakula Sahadêva

Bhîma ⚭ Hidimbî

Pândavas

Yudhishtira
Bhîma
Arjuna   ⚭ Draupadî   Ghatôtkacha   Abhimanyu ⚭ Uttarâ
Nakula
Sahadêva

Parikshit

Samhita Arni

Das Mahâbhârata

Kinder- und Jugendbücher
aus Afrika, Asien und Lateinamerika,
herausgegeben vom Kinderbuchfonds Baobab
der Erklärung von Bern
und terre des hommes schweiz

Gabriel Verlag

Samhita Arni

Das Mahâbhârata

von einem Mädchen erzählt
und gezeichnet

Aus dem Englischen von
Heike Brandt

Nagel & Kimche

Die Übersetzung aus dem Englischen wurde unterstützt
durch die Gesellschaft zur Förderung der Literatur aus
Afrika, Asien und Lateinamerika e. V. in Zusammenarbeit
mit der Schweizer Kulturstiftung PRO HELVETIA.

Für meine Mutter.
Ohne ihre Hilfe wäre dieses
Mahâbhârata
niemals fertig gestellt
worden.

Vorwort zu Samhitas
Mahâbhârata

In Indien gibt es zwei große Epen, man könnte sie auch
Volkserzählungen nennen, das ‹Mahâbhârata› und das
‹Ramâyâna›. Ursprünglich wurden sie in Sanskrit, der
altindischen Sprache, verfasst. Fast jedes Kind kennt
Geschichten und Figuren daraus. Beide Epen sind weit
über Indien hinaus im asiatischen Raum bekannt und
wurden in unzähligen Versionen wieder erzählt. Das
Mahâbhârata ist das bedeutendere, umfangreichere
und auch das ältere der beiden.

Samhita Arni hat es aufgeschrieben und illustriert
und der Verlag Tara in Madras hat es für Kinder und Jugendliche in Indien herausgegeben. Beim Entstehen
dieser Nacherzählung hat Kanchana Arni, die Mutter
Samhitas, eine große Rolle gespielt. Sie hat die einzelnen Geschichten und Zeichnungen ihrer damals neun-
jährigen Tochter zu einem geschlossenen Ganzen zusammengefügt.

Gita Wolf, die Verlegerin des Tara Verlags, schreibt
dazu:

«Kanchana Arni hat uns erzählt, dass ihre Tochter
Samhita das Mahâbhârata zum ersten Mal mit vier Jahren gelesen habe. Mythologie, Geschichten von Königen und Prinzessinnen faszinierten sie. Schon als sie
drei Jahre alt war, wollte sie von uns Märchen vorgele-
sen haben, und wir durften erst aufhören, wenn sie die
Geschichte Wort für Wort nacherzählen konnte.»

Anfangs war es denn auch Kanchana, die Samhita
ansporne, dieses Epos, das ihr so gut gefiel, aufzu-
schreiben. Wir erhielten das ganze Mahâbhârata in fri-
scher und ungekünstelter Sprache, begleitet von aus-

drucksvollen Illustrationen aus ihrer Feder. Abgesehen von vorsichtigen Korrekturen einiger Fehler haben wir den Text in Samhitas Worten belassen. So war er zwar außerordentlich fesselnd, aber wir wollten ihn trotzdem auch auf seine «Echtheit» überprüfen. Denn obschon es viele verschiedene Mahâbhârata–Versionen gibt, halten sich doch alle einigermaßen an dieselben Begebenheiten.

Wir fanden heraus, dass Samhitas Version ein wunderbarer Extrakt der vielen Texte war, die sie gelesen hatte. Besonders stark hatte sie auch Peter Brooks Mahâbhârata beeinflusst, wie ihre Mutter dazu bemerkte: «In dem Film wurde ihr Lieblingsepos ‹lebendig›, die Kostüme waren so aufwendig, detailgetreu und schön wie Samhitas Zeichnungen. Diese Video-Kassette mochte sie am liebsten von allen, und sie konnte sie voller Begeisterung vier bis fünf Stunden hintereinander ansehen.»

Peter Brooks dichte und gut gegliederte Darstellung der Personen mochte Samhita viel lieber als die populäre indische Fernseh-Adaptation, die sie als «derb und oberflächlich und außerdem zu laut» empfand.

Wie viele, die das Mahâbhârata nacherzählt haben, so hat auch Samhita die alten Geschichten um Eigenes ergänzt. Doch ihre Entscheidung, bestimmte Episoden und Handlungsabläufe hinzuzufügen, ist nicht willkürlich. Entweder dienen sie dazu, einzelne Figuren genauer zu beleuchten oder Motive zu erläutern.

Junge Menschen wie Erwachsene interessieren sich gleichermaßen immer wieder für Epen wie das Mahâbhârata, gerade weil die Erzähler ihre eigene Version der Geschichte erzählen und nicht einfach eine alte Sage wiederholen.

Samhitas Begeisterung für Mythen und Sagen zeigt sich am deutlichsten in ihren Illustrationen. Ihre Figuren sind abwechselnd schön und grotesk, und in vielen lebt eine Welt, in der Menschen und wilde Tiere ohne weiteres Gestalt und Platz tauschen könnten. Text und Bilder ergänzen sich auf wunderbare Weise: Während Samhitas Stil karg und ernst ist, sind ihre Bilder verspielt und äußerst lebendig.

V. Geetha, Gita Wolf, Tara Verlag,
Madras, Juli / August 1996

TEIL 1

1

Das achte Kind

Einst verliebte sich Shântanu, der König von Hastinâpura, in eine junge Frau. Er bat sie um ihre Hand, und weil sie ihm genauso zugetan war, willigte sie ein, allerdings mit der Bedingung, dass er niemals fragen dürfe, wer sie sei oder was sie tue. Er war einverstanden, und sie heirateten.

Sie war in jeder Beziehung eine vollkommene Ehefrau. Nach einem Jahr gebar sie Shântanu einen Sohn. Sobald es dunkelte, ertränkte sie das Kind im Ganges. Der König konnte es nicht fassen. Aber er war an sein Versprechen gebunden und durfte nicht fragen, warum sie das getan hatte.

Zwei Jahre vergingen, und sie gebar ihm noch einen Sohn. Wieder warf sie ihn nachts in den Fluss. Fünf weitere Söhne erlitten dasselbe Schicksal.

Als der achte an die Reihe kommen sollte, zog Shântanu sein Schwert und fragte: «Warum tust du das? Bist du eine Frau oder eine Dämonin?»

Darauf sagte sie: «Shântanu, ich bin die Göttin Gangâ. Diese Söhne waren von einem Weisen namens Vasishtha verflucht worden, weil sie seine heilige Kuh gestohlen hatten, und dazu verdammt, unglücklich auf der Erde geboren zu werden. Sie baten mich, ihre Mutter zu sein und sie zu ertränken. Aber dieses Kind hier werde ich ausnehmen.»

Dann verschwand sie mit dem Kind, ohne auf Shântanus verzweifelte Fragen «Warum? Wohin? Wer?» zu reagieren.

Unglücklich kehrte Shântanu in seinen Palast zurück.

Viele Jahre später, an einem stürmischen Tag, saß Shântanu im Schutz eines Baumes am Ufer des Ganges. Sein Blick fiel auf einen Jüngling, der Pfeile über den Fluss schoss. Der Jüngling schien den Sturm nicht zu bemerken.

Da erschien die Göttin Gangâ vor Shântanu und sagte: «Dies ist dein Sohn Divavrata. Er ist von Vasishtha selbst ausgebildet worden. Nimm ihn mit.»

Shântanu kehrte mit seinem Sohn zum Palast zurück und setzte ihn als seinen Nachfolger ein.

2

Wie das Mädchen Satyavatî geboren wurde

Vor langer Zeit lebten ein König und eine Königin in einem wunderschönen, blühenden Königreich. Sie besaßen alles, was ihre Herzen begehrten, nur etwas fehlte, um ihr Glück vollkommen zu machen, ein Kind.

Eines Tages verlor der König auf der Jagd seine Be-

Der König am Bach

Der Fischer und seine Frau

gleiter. Müde und durstig stieß er zufällig auf einen
Bach. Nachdem er eine Weile ausgeruht hatte und sah,
dass er nicht zu seinem Palast zurück konnte, ließ er seinen Samen kommen und verströmte ihn auf ein Blatt.
Darauf rief er einen Sperling und bat ihn, das Blatt zur

Königin zu bringen. Der Sperling flog hoch über die Wolken, um seinen Auftrag zu erfüllen.

Auf dem Weg zur Hauptstadt, wo die Königin die Rückkehr ihres Mannes erwartete, wurde der Sperling plötzlich von einem Habicht angegriffen. Beide kämpften eine Weile, aber da der Habicht der stärkere Vogel war, gewann er und nahm dem Sperling das Blatt ab. Als der Habicht mit dem Blatt davonflog, stieß er auf einen anderen Habicht, der versuchte, ihm die Klauen aufzubrechen, um an das Blatt zu kommen. Im Verlaufe des Kampfes löste sich das Blatt aus dem festen Griff des Vogels und fiel hinunter ins Meer. Ein Fisch verschluckte es.

Nach einigen Monaten fing ein Fischer, der Oberhaupt seines Stammes war, den Fisch und schnitt ihn auf. Zu seiner Überraschung fand er einen Säugling darin. Da der Fischer und seine Frau keine Kinder hatten, adoptierten sie dieses Baby und nannten es Satyavatî. Es wuchs zu einem wunderschönen Mädchen heran.

3

Shântanu begegnet Satyavatî

Eines Tages war Shântanu auf der Jagd. Während er das Wild verfolgte, verlor er seine Begleiter. Da stieg ihm ein zauberhafter Duft in die Nase. Er folgte dem Wohlgeruch und fand bald heraus, dass er von der schönen Fischerstochter stammte, die Satyavatî hieß.

Er verliebte sich in sie und ging zu ihrem Vater, um ihn um die Hand seiner Tochter zu bitten. Der Fischer stellte eine Bedingung: «Wenn Satyavatî Shântanu heiraten will, muss ihr gemeinsamer Sohn König werden.»

Shântanu auf Jagd

Shântanu erschrak. Ihm gefiel die Bedingung nicht, die seinen Erben Dîvavrata zurücksetzte, denn Dîvavrata war gottähnlich. Er war weise, gütig, gebildet und geschickt im Umgang mit Waffen.

Blass vor Trauer kehrte Shântanu zu seinem Palast zurück, wurde krank und interessierte sich für nichts mehr, nicht einmal mehr für sein Königreich. Er war nur noch vom Gedanken an die Fischerstochter Satyavatî beherrscht.

Dîvavrata tat es Leid, seinen Vater so zu sehen. Er fragte dessen Wagenlenker, warum der König so seltsam geworden sei, und erfuhr den Grund. Daraufhin ging Dîvavrata zu Satyavatîs Vater und schwor, dass er niemals den Thron beanspruchen werde. Der Fischer erwiderte: «Bestimmt wird dein Sohn meinem Enkel das Königreich entreißen.»

17

Dîvavrata gelobte, er werde nicht heiraten. In dem Augenblick ließen die Götter im Himmel Blumen auf ihn fallen und riefen: «Bhîshma, Bhîshma.»

Von nun an war er als Bhîshma bekannt, der Mann, der ein furchtbares Gelübde abgelegt hatte. Bhîshma nahm Satyavatî mit nach Hause und erzählte seinem Vater, was am Tage geschehen war. Der überglückliche Shântanu gewährte Bhîshma die Gnade, sich den Zeitpunkt seines Todes selbst auswählen zu dürfen.

Satyavatî und Shântanu heirateten.

4

Ambâ

S atyavatî schenkte Shântanu zwei Söhne, Chitrânga-da und Vichitravîrya. Als Shântanu starb, regierte Chitrângada das Königreich, aber er wurde von einem *Gandharva,* einem Himmelswesen, getötet und hinterließ keinen Erben für den Thron. Da Vichitravîrya noch ein Knabe war, regierte Bhîshma das Königreich in dessen Namen. Seltsamerweise war Vichitravîrya nicht sehr stark, obwohl er von Kriegern abstammte. Als er ins heiratsfähige Alter kam, suchte Bhîshma für ihn eine Braut.

Er ging zu einer Svayamvara, einer Zeremonie, bei der Prinzessinnen ihre Gatten auswählen. Hier musste Bhîshma gegen alle Prinzen kämpfen, die gekommen waren, um die drei Bräute zu gewinnen. Er kämpfte gegen sie und gewann die drei Prinzessinnen Ambâ, Ambâlikâ und Ambikâ.

Als sie nach Hastinâpura zurückkamen, ging Ambâ zu Bhîshma und sagte, sie sei bereits mit einem gewissen Shâlva verlobt, der sie aber zurückgewiesen habe. Sie bat Bhîshma: «Lass mich deine Frau sein.»

Aber Bhîshma antwortete: «Wie kann ich den Eid brechen, den ich meiner Mutter Satyavatî geschworen habe? Geh zurück zu Shâlva, vielleicht nimmt er dich dieses Mal.»

Doch er täuschte sich. Nun wies Shâlva Ambâ zurück, weil ein anderer sie gewonnen hatte.

Diese weitere Zurückweisung erfüllte Ambâ mit Rachegefühlen, und sie wollte, dass Bhîshma getötet wurde. Sie zog durch viele Königreiche und bat viele mutige Könige und Prinzen, gegen Bhîshma zu kämpfen. Aber niemand war bereit, diese Aufgabe zu übernehmen, denn alle wussten, dass er ein sehr guter Krieger war und den Zeitpunkt seines Todes selbst wählen konnte.

Damit war das Maß ihres Leidens voll. Ambâ hasste die ganze Welt, besonders Bhîshma. Sie brachte dem Gott Shiva Opfer dar, und er gewährte ihr die Gnade, dass sie die Ursache für Bhîshmas Tod sein werde. Ferner erklärte Gott Shiva, Ambâ werde als Tochter des Königs Draupada wieder geboren.

Eines Tages ließ König Draupada ein Feueropfer darbringen, damit ihm ein Kind geschenkt werde. Ambâ hörte davon. Um sich später zu erinnern, wie es zu ihrer Geburt gekommen war, hängte sie eine Kette ans Palasttor. Ambâ betrat den Palast, rannte durch den Raum, in dem das Opfer dargebracht wurde, und sprang ins Feuer. Ihre sterbliche Hülle verbrannte, nicht aber ihr unsterbliches Verlangen und ihr Racheschwur.

5

Drei Brüder

In der Zwischenzeit war Vichitravîrya im Palast von Hastinâpura während seiner Hochzeitsnacht gestorben. Auch er hatte keinen Nachfolger für den Thron hinterlassen.

Nun enthüllte Satyavatî Bhîshma ihre Vergangenheit. Sie erzählte ihm, sie habe als junges Mädchen auf einer Insel einen Weisen getroffen und geheiratet. Aus dieser Verbindung sei Vyâsa geboren. Vyâsa habe ihr gesagt, sie solle an ihn denken, wann immer sie ihn brauche. In diesem Augenblick war es so weit. Satyavatî wandte sich an Vyâsa und trug ihm ihren Kummer vor: Vichitravîrya war gestorben, ohne einen Erben zu hinterlassen. Vyâsa antwortete: «Überlass das mir. Ich werde dafür sorgen, dass ein Sohn geboren wird.»

Satyavatî bat Vichitravîryas Frau Ambikâ, sich schön zu kleiden und in ihrer Kammer zu bleiben. Ambikâ gehorchte. Als Vyâsa den Raum betrat, schloss sie ihre Augen, denn er sah schrecklich aus. Daraufhin verkündete Vyâsa: «Weil du deine Augen geschlossen hast, wirst du einen blinden Sohn zur Welt bringen, der Dhritarâshtra heißen soll.»

Satyavatî wollte keinen blinden König. Darum wies sie die andere Frau Vichitravîryas an, sich schön zu kleiden und in ihrer Kammer zu bleiben. Auch sie gehorchte. Als Vyâsa den Raum betrat, wurde sie weiß vor Angst. Vyâsa sagte: «Du wirst einen Sohn gebären, der weiß ist wie Milch, und er wird Pându heißen, der Blasse.» Satyavatî war immer noch nicht zufrieden, denn sie wollte auch keinen blassen König.

Also bat sie Ambâlikâ noch einmal, sich mit Juwelen

zu schmücken und in ihrer Kammer zu warten. Ambâlikâ tat, als gehorchte sie, steckte aber eine Dienerin in ihre Kleider, damit die aussah wie sie. Die Dienerin erwartete Vyâsa in aller Ruhe. Dies gefiel Vyâsa, und er sagte: «Du wirst einen normalen Sohn gebären und er wird Vidura heißen, der Weise.»

Als die Knaben heranwuchsen, zog Bhîshma aus, um für sie Bräute zu suchen. Er fand Gândhârî für Dhritarâshtra und Kuntî und Mâdrî für Pându. Gândhârî konnte es nicht ertragen, einen blinden Mann zu haben, darum bedeckte sie ihre Augen mit einer Binde.

6

Der Fluch und das Mantra

Eines Tages, als Pându auf der Jagd war, tötete er eine Hirschkuh. Ihr Gefährte verfluchte ihn mit den Worten: «Wenn du dein Weib in die Arme nimmst, stirbst du.» Erschüttert überließ Pându Dhritarâshtra das Königreich und zog sich mit seinen Frauen in den Wald zurück. Ein anderer Gedanke quälte ihn außerdem: Er hatte noch keine Kinder. Diese Sorge vertraute er seinen Frauen an. Nun erinnerte sich Kuntî an ein Mantra, das ihr vom Weisen Durvâsas gegeben worden war. Dieses Mantra hatte sie eines Tages unbedacht wiederholt. Da war ihr plötzlich der Sonnengott Sûrya erschienen. Erschrocken hatte sie sich vor ihm zu Boden geworfen und ihn gebeten sich zu entfernen. Aber Sûrya hatte ihr gesagt: «Du hast mich herbeigerufen. Mit dem Mantra darf man nicht spielen.» Dann hatte er sie in die Arme genommen. Diese Vereinigung führte zur Geburt eines Kindes, das mit einem goldenen Panzerhemd umhüllt war und goldene Ohrringe trug.

Weil Kuntî einen Skandal fürchtete, hatte sie das Kind in eine aus Holz geschnitzte Kiste gelegt und im Fluss ausgesetzt. Sie selber wuchs zu einer traurigen Prinzessin heran, die wusste, dass ihr niemand diesen Fehler verzeihen würde. Darum behielten ihre Augen immer einen traurigen Ausdruck.

Das Kind war von einem Wagenlenker und seiner Frau gefunden worden. Sie hielten es für ein Geschenk Gottes und nannten es wegen des goldenen Panzerhemdes und der goldenen Ohrringe Karna.

7

Die Geburt der Pândavas

Jetzt erzählte Kuntî Pându und Mâdrî diese Geschichte. Da Pându dazu verdammt war, kein Kind zu zeugen, bat er Kuntî, das Mantra zu benutzen, um Kinder zu bekommen. So rief Kuntî den Gott Yama an, und sie bekam einen Sohn. Bei der Geburt verkündete eine himmlische Stimme, dass dieses Kind in der Redlichkeit, im Denken, in Wort und Tat alle Männer übertreffen werde. Es solle Yudhishthira genannt werden.

Pându wollte noch einen Sohn, und der sollte mit körperlicher Stärke ausgestattet sein. Kuntî rief Vâyu, den Gott der Winde, an und bekam einen Sohn namens Bhîma. Es wird erzählt, dass er ein Erdbeben auslöste, als er aus seiner Mutter herauskam.

Pându war immer noch nicht zufrieden. Kuntî sollte noch einen Sohn bekommen, der in der Waffenführung besonders gewandt sein musste. Nun rief Kuntî Indra an, den König der Götter. Das Kind wurde Arjuna genannt.

Mâdrî, die sich ebenfalls ein Kind wünschte, lernte von Kuntî das Mantra und rief die Ashvins an, die Bewohner des Paradieses. Mâdrî brachte blitzgescheite Zwillinge zur Welt, die die Kunst der Astronomie beherrschten. Sie hießen Nakula und Sahadîva.

An einem wunderschönen Frühlingsmorgen nahm Pându, ohne an den Fluch zu denken, Mâdrî in die Arme, und er starb sofort. Die tieftraurige Mâdrî nahm sich das Leben, weil sie glaubte, sie wäre Schuld an Pândus Tod. Ihre Kinder wurden Kuntî überlassen. Die fünf Brüder wurden die Pândavas genannt.

Die Befestigung

8

Die Kauravas

In der Zwischenzeit hatte Gândhârî, Dhritarâshtras Frau, einen Klumpen Fleisch zur Welt gebracht. Im ganzen Palast herrschte gedrückte Stimmung. Der Weise Vyâsa kam hinzu und wies Gândhârî an, den Klumpen in hundert Stücke zu zerteilen und diese in Öl zu legen. Nach neun Monaten verwandelten sich die hundert Stücke in hundert Knaben. Sie wurden die Kauravas genannt. Die beiden Erstgeborenen, Duryôdhana und Duhshâsana, waren die Anführer der Kauravas. Die Kauravas hassten ihre Vettern, die Pândavas.

Die Pândavas reisten nach Hastinâpura. Bhîshma

Die Kauravas

und Vidura freuten sich, sie zu sehen, aber als sie von Pândus und Mâdrîs Tod erfuhren, wurden sie sogleich sehr traurig.

Sobald die Totenzeremonien vorüber waren, riet Vyâsa Ambikâ, Ambâlikâ und Satyavatî im Wald zu leben und dort auf ihr Ende zu warten. Er sah voraus, dass die grausamen und gnadenlosen Kauravas Hastinâpura regieren würden.

9

Das Reich der Schlangen

Duryôdhana dachte sich einen Plan aus, um seinen Vetter Bhîma zu töten. Er lud die Pândavas ein, mit ihm am Ufer des Ganges zu jagen. Yudhishthira war einverstanden. Sie reisten in Kutschen und Sänften, auf Elefanten und Pferden. Als sie ihr Ziel erreicht hatten, bereitete Duryôdhana sorgfältig eine Mahlzeit für Bhîma zu und tat Gift hinein. Nachdem Bhîma die vergiftete Speise gegessen hatte, war er immer noch sehr lebendig. Selbst als die anderen schon wieder aus dem Wasser kamen, schwamm er immer weiter. Schließlich stieg auch er aus dem Fluss und schlief am Ufer ein. Da fesselte Duryôdhana ihn mit Seilen und warf ihn in den Ganges. Bhîma fiel tief in den Fluss hinein und gelangte ins Reich der Nâgas, der Schlangen. Die Nâgas bissen ihn, und ihr Gift zerstörte das Gift der Speise, die Bhîma gegessen hatte. Daraufhin begann Bhîma, die Nâgas zu töten. Einige von ihnen entkamen und erzählten ihrem König, dass sich unter ihnen ein starker Jüngling aufhalte. Sofort eilten der König und sein Gefolge zu Bhîma. Unter dem Gefolge war Kuntîs Vater, der, als er Bhîma sah, ausrief: «Das ist mein Enkel, wir dürfen ihm nichts tun.»

Derweil machte sich Kuntî im Palast von Hastinâpura Sorgen, denn sie hatte die Botschaft erhalten, dass Bhîma plötzlich verschwunden sei.

Unterhalb des Ganges, im Königreich der Nâgas, wurde Bhîma inzwischen mit Schmuck ausgestattet. Mit dem Gesicht gen Osten gerichtet saß er da und erhielt eine Flüssigkeit zu trinken, von der ein Schluck die Kraft von tausend Elefanten verlieh. Acht Schlucke trank er von dem Elixier, also bekam er die Kraft von achttausend Elefanten. Danach schlief er sieben Tage lang und kehrte anschließend nach Hastinâpura zurück. Seine Mutter und seine Brüder waren hocherfreut, ihn wieder zu sehen. Er erzählte ihnen und Vidura, was er erlebt hatte, und sie mahnten einander, sich vor den Kauravas in Acht zu nehmen.

10

Das Opfer von Ambâ

Ambâ wurde als eines der drei Kinder von König Draupada wieder geboren. Als sie eines Tages durch das Palastgelände streifte, entdeckte sie zufällig die Kette, die sie in ihrem vorherigen Leben ans Palasttor gebunden hatte. Sie nahm sie und legte sie sich um. Während sie das tat, erinnerte sie sich an ihr vergangenes Leben und spürte das Verlangen, sich an Bhîshma zu rächen. Dann ging sie in einen Wald und begann zu beten. Nach ein paar Jahren der Askese erschien ihr der Gott Shiva und gewährte ihr die Gnade, sich in einen Mann zu verwandeln, wenn sie jemanden fände, der bereit war, seine Männlichkeit gegen ihre Weiblichkeit zu tauschen.

Mit diesem Versprechen versehen machte sich Ambâ daran, einen Mann zu suchen, der sich in eine Frau verwandeln wollte. Sie fand ihn in einem Waldmann. Nun kehrte Ambâ als Mann zum Palast zurück und nannte sich Shikhandin.

11

Drôna

Eines Tages spielten die Pândavas und die Kauravas Ball. Arjuna bekam einen Wutanfall und warf den Ball in einen Brunnen. Die Pândavas und die Kauravas überlegten noch, wie sie den Ball herausbekommen konnten, da näherte sich ihnen ein Fremder, der die Kleidung eines *Sannyâsins* trug.

Er wollte wissen, was los sei. Die Knaben schauten

zu ihm auf und antworteten: «Unser Ball ist verloren.» Der Sannyâsin lächelte und sagte: «Was, so ein kleines Ding? Jeder gute Bogenschütze kann es herausholen.»

Erwartungsvoll blickten ihn die Knaben an, äußerten sich aber nicht. Da sagte der Sannyâsin: «Holt mir einen Pfeil.» Aber die Knaben schüttelten den Kopf. Nun änderte der Sannyâsin seinen Befehl und sagte: «Holt mir ein paar starke Halme Kusha-Gras.»

Die Prinzen zogen los und kamen nach ein paar Minuten zurück. Alle hielten Grashalme in ihren pummeligen Fäusten. Der Sannyâsin wählte den stärksten und größten Halm aus.

Er murmelte ein Gebet und schoss den Halm ab. Der Grashalm sauste mit solcher Wucht in den Brunnen, dass der Ball an eine Wand geschleudert wurde. Von dort prallte er zur anderen Seite und sprang aus dem Brunnen in die Luft, wo der Sannyâsin ihn auffing.

Die Knaben waren begeistert und klatschten. Dann sagte Yudhishthira: «Mir ist ein Ring in den Brunnen gefallen. Könntest du ihn herausholen?»

Der fremde Mann erwiderte: «Nichts leichter als das.» Er ritzte Kerben in die übrigen Grashalme. Dann nahm er einen Halm und schoss ihn mit solcher Gewalt, dass er im Schlamm neben dem Ring einschlug. Der Ring blieb an den Kerben hängen. Nun nahm der Mann einen weiteren Halm, schoss ihn wieder mit Gewalt und so genau, dass er in einer Kerbe des ersten Halmes stecken blieb. Das wiederholte er mit allen übrigen Grashalmen, bis er die aneinander geknüpften Halme aus dem Brunnen ziehen konnte. Er nahm den Ring aus der Kerbe des Grashalmes und gab ihn Yudhishthira.

Yudhishthira fragte den Sannyâsin, wer er sei und

wo er lebe. Der Sannyâsin lachte und sagte: «Frag deinen Großonkel Bhîshma. Er weiß, wer ich bin.»

Also rannten die Pândavas und die Kauravas zu ihrem Großonkel und erzählten ihm von dem Mann, der wie ein Sannyâsin gekleidet war und über die Kräfte eines *Kshatriyas,* eines Kriegers, verfügte.

Sobald Bhîshma das gehört hatte, erhellte sich sein Gesicht und er eilte zu der Stelle, an der die Prinzen dem Sannyâsin begegnet waren. Bhîshma warf sich ihm sogleich vor die Füße und sagte: «Du musst Drôna, der große *Brahmanen*-Krieger sein.»

Drôna stimmte zu: «Ich bin Drôna, in der Tat. Ich bin auf der Suche nach einer Arbeit am königlichen Hof. Ich habe gehört, dass du einen Lehrmeister für deine Neffen suchst. Ich biete dir meine Dienste an.»

Bhîshma war hocherfreut und willigte ein. Drôna wurde zum Lehrmeister der Pândavas und Kauravas.

Der Vogel

12

Arjuna

Arjuna war Drônas bester Schüler. Es gab viele Gelegenheiten, bei denen er sich als hervorragender Krieger bewies.

Eines Tages setzte Drôna einen hölzernen Vogel auf den Zweig eines Baumes, um die Zielfertigkeit seiner Schüler zu prüfen. Er rief die Schüler herbei und wies

28

sie an, auf den Kopf des Vogels zu zielen. Als Erster sollte Yudhishthira zielen. Er trug Pfeil und Bogen zu der Stelle, die Drôna bestimmt hatte. Yudhishthira stellte sich auf, bereit zu schießen. Drôna ging zu ihm und fragte: «Was siehst du, Yudhishthira?» Yudhishthira antwortete: «Ich sehe den Vogel im Baum. Ich sehe die Blätter am Baum. Ich sehe dich, o Meister, ich sehe meine Brüder und meine Vettern.» Darauf sagte Drôna: «Senke deinen Bogen. Schieß nicht.» Nun war Bhîma dran. Drôna stellte ihm dieselbe Frage, und Bhîma gab dieselbe Antwort. Einer nach dem anderen gaben sie dieselbe Antwort.

Schließlich war Arjuna an der Reihe. Verzweifelt wiederholte Drôna die Frage, und Arjuna antwortete so: «Ich sehe nur den Kopf des Vogels und weiter nichts.» Froh, dass wenigstens ein Schüler die treffende Antwort zu geben wusste, forderte Drôna Arjuna auf zu schießen. Mit einem Schnappen ließ Arjuna die Sehne des Bogens los. Der Pfeil surrte durch die Luft und traf den Kopf des Vogels, dass er herabfiel. Drôna war so zufrieden mit Arjuna, dass er ihn umarmte und küsste, was er noch nie zuvor getan hatte.

13

Die Demütigung von Draupada

Als Drôna glaubte, seine Schüler wären nun bereit, einen Feind im Kampf zu besiegen, stellte er ihnen noch eine weitere Aufgabe. Er erzählte ihnen ein Ereignis aus seinem Leben.

Vor Jahren, als Drôna ein kleiner Knabe war, befreundete er sich mit Draupada, dem Thronfolger von

Panchâla, der von Drônas Vater ausgebildet wurde. Die beiden Knaben schworen sich ewige Freundschaft. Im Laufe der Zeit beendeten sie ihre Studien, und Draupada musste nach Panchâla zurückkehren, weil er zum König gekrönt werden sollte.

Bevor er aufbrach, umarmte er Drôna innig und lud ihn nach Panchâla ein. Drôna nahm die Einladung natürlich an, und Draupada verabschiedete sich. Bald war Draupada gekrönter König von Panchâla.

Drôna jedoch konnte Draupada für viele Jahre nicht besuchen, weil er seine ganze Zeit darauf verwendete, sich Kenntnisse aller Wissenschaften und Künste anzueignen. Drôna heiratete die Schwester von Kripâchârya, dem Lehrer der Pândavas und der Kauravas, und sie gebar einen Sohn.

Bis zu jener Zeit hatte Drôna sich nie nach irdischen Gütern gesehnt, aber als sein Sohn Ashvatthâman geboren wurde, merkte er, wie arm er war. Ashvatthâman sollte nicht im Wald in der Einsiedelei aufwachsen. Drôna wollte seinem Sohn Bequemlichkeiten verschaffen, die er selber nie genossen hatte.

Darum beschloss er, sich eine Stelle an einem der königlichen Höfe zu suchen. Erst da erinnerte er sich an die Einladung von Draupada. Draupada würde ihm bestimmt helfen, dachte Drôna, und ihm eine Stelle geben. Also machte er sich auf den Weg nach Panchâla.

Wenn man älter wird, verändert man sich und wird ein anderer Mensch. So war es auch Draupada ergangen. Sein Reichtum und seine Macht waren ihm zu Kopf gestiegen, und er war stolz und hochmütig geworden. Als Drôna nach so vielen Jahren am königlichen Hof erschien, schämte sich Draupada zuzugeben,

Draupada

dass die in ein Lendentuch gekleidete Gestalt tatsächlich ein lange verloren geglaubter Freund von ihm war.

«Du bist nicht mein Freund! Ein König kann nur Freunde haben, die vom selben königlichen Stand sind. Scher dich fort! Wenn du um Almosen bitten willst, dann geh zum königlichen Speicher, dort wird den Bettlern Reis verteilt», rief Draupada.

Drôna war gekränkt, bestürzt und entgeistert. Er hatte nicht erwartet, dass sein alter Freund sich so verhalten würde. Drôna glaubte, Draupada hätte ihn vielleicht vergessen, und er erzählte ihm von ihrer Freundschaft. Aber das verärgerte Draupada nur noch mehr, und er befahl seinen Dienern, Drôna aus dem Palast zu werfen.

Zornig und gedemütigt verließ Drôna mit seiner Frau und seinem Sohn das Königreich Panchâla. Sie kamen nach Hastinâpura, wo sie bei Kripâchârya blieben, der dem König als Lehrmeister der Prinzen diente. Dort war Drôna den Pândavas und Kauravas begegnet und war als ihr Lehrer eingestellt worden. Aber er wurde seine bitteren Gefühle Draupada gegenüber nicht los. Es dürstete ihn nach Rache. Er wollte Draupada so demütigen, wie er selber von ihm gedemütigt worden war.

Drôna befahl Duryôdhana: «Setze dein Heer in Marsch und schlage Draupada. Fang ihn lebendig und führe ihn mir in Ketten vor.»

Aber Duryôdhana kehrte erfolglos zurück. Er war selber nur mit knapper Not einer Gefangennahme entkommen.

Drôna gab Arjuna den gleichen Befehl, veränderte ihn aber ein wenig, indem er ein ‹wenn› einfügte. «Wenn du Draupada besiegst, fang ihn lebendig und führe ihn mir in Ketten vor.»

Diesmal wurde der Auftrag erfolgreich ausgeführt. Arjuna brachte Draupada in Ketten zu Drôna. Das war der Augenblick, den Drôna sehnlichst herbeigewünscht hatte. Langsam ging er um Draupada herum und sagte: «Nun, Draupada, jetzt treffen wir ein drittes Mal aufeinander. Ich habe beschlossen, Milde walten zu lassen. Ich werde dir die Hälfte deines Königreiches zurückgeben und die andere Hälfte selber behalten. Dadurch werden wir beide Könige vom selben königlichen Stand sein und können uns befreunden.» Draupada zuckte zusammen, als er das hörte.

Drôna befahl, Draupada freizulassen, schickte aber Duryôdhana mit, der für ihn die Hälfte von Draupadas Königreich sicherstellen sollte. Da Drôna nun erreicht hatte, was er wollte, fuhr er mit der Ausbildung der Prinzen fort.

Als Draupada nach Hastinâpura gebracht worden war, war ihm aufgefallen, dass Arjuna sich ihm gegenüber sehr höflich benommen hatte, obwohl er, Draupada, ein Gefangener war. Er wünschte sich, er hätte eine Tochter, die Arjuna eines Tages heiraten könnte. Dieser Wunsch wurde ihm erfüllt. Bald nachdem er nach Panchâla zurückgekehrt war, gebar seine Frau ihm Zwillinge – einen Knaben, den er Dhrishtadyumna, und ein Mädchen, das er Draupadî nannte.

14

Ekalavya

Ekalavya war der Sohn eines Stammesfürsten. Sein größter Wunsch war, die Kunst des Bogenschießens zu erlernen. Er hatte von Drôna gehört, der im Bogenschießen der beste Lehrmeister der Welt war.

Eines Tages machte sich Ekalavya auf den Weg nach Hastinâpura, um bei Drôna das Bogenschießen und das Waffenhandwerk zu erlernen. Als er Hastinâpura erreichte, ging er direkt zum Palast, wo Drôna die Prinzen unterrichtete. Ekalavya fragte ihn höflich: «Bitte, verehrter Herr, kannst du mir ein paar Unterrichtsstunden in der Waffenführung geben?»

Drôna antwortete: «Wie kannst du, ein *Shûdra* von niedriger Geburt, es wagen mich, einen Brahmanen, zu bitten, dir die Kunst des Bogenschießens beizubringen!»

Ekalavya war entgeistert. Ehe er wusste, wie ihm geschah, hatten ihn die Prinzen mit hochmütigen Blicken erniedrigt und ihren Dienern befohlen, den Shûdra vom Palastgelände zu entfernen. Nachdem Ekalavya aus dem Palast vertrieben worden war, fand er nirgends Unterkunft. Er machte sich daher auf den langen Weg dorthin zurück, wo er hergekommen war.

Aber er hatte noch nicht ganz aufgegeben. Er formte ein Abbild Drônas aus Lehm und schmückte es mit Blumen. Obwohl ein Abbild nicht sprechen kann, hatte Ekalavya das Gefühl, es sei tatsächlich Drôna, der ihn unterrichtete. Ekalavya übte das Bogenschießen, indem er einen Pfeil mit einem Schuss durch mehrere Baumstämme bohrte.

Der Pfeil fliegt durch die Bäume

Eines Tages, als die Pândavas und die Kauravas auf der Jagd waren, sonderte sich einer der Hunde von der Jagdgesellschaft ab. Er witterte einen fremden Geruch, folgte ihm und gelangte zum Ort, wo Ekalavya übte. Der Hund bellte und unterbrach Ekalavya in seinen Übungen. Verärgert schoss er mehrere Pfeile ins Maul des Hundes (als Bündel, was den Hund nicht verletzte, aber das Bellen verhinderte) und wandte sich wieder seinen Übungen zu.

Winselnd lief der Hund zur Jagdgesellschaft zurück. Die Pândavas wunderten sich über den merkwürdigen Anblick des Hundes. Sie nahmen sich seiner fürsorglich an. Als sie ihm die Pfeile aus dem Maul zogen, stellten sie überrascht fest, wie geschickt sie abgeschossen worden waren, ohne den Hund zu verletzen. Nun brannten sie alle darauf zu erfahren, wer diese Pfeile geschossen hatte.

Weil der Hund der Freund der Menschen ist, konnte er ihre Worte verstehen. Er führte die Pândavas, die Kauravas und Drôna zur Stelle, wo er auf Ekalavya gestoßen war. Ekalavya übte immer noch. Drôna bewunderte die Art, wie er die Pfeile durch die Baumstämme schoss, während die Prinzen nur neidisch waren, dass jemand im Bogenschießen besser war als sie.

Drôna ging auf Ekalavya zu und fragte: «Junge, wer ist dein Lehrer?» Darauf antwortete Ekalavya: «Drôna.» Erstaunt sagte Drôna: «Aber ich bin Drôna und ich lebe in Hastinâpura.» Als Ekalavya diese unvermutete Antwort erhielt, brach er in Weinen aus, berührte Drônas Füße und benetzte sie mit seinen Tränen. Dann deutete Ekalavya auf die Lehmfigur und sagte: «Ich habe sie aus Lehm geformt. Sie gibt mir das Gefühl, du wärst es selbst.»

Drôna sagte: «Wenn du dich tatsächlich für einen Schüler von mir hältst, dann kämpfe gegen meine anderen Schüler.» Eifrig forderte Ekalavya sie heraus und übertraf sie alle, auch Arjuna. Drôna wurde wütend, dass jemand seinen besten Schüler Arjuna so leicht besiegte. Er beschloss, Ekalavya zum Krüppel zu machen.

Er sagte zu ihm: «Da ich dein *Guru* bin, verlange ich meinen Tribut.»

«Dein Wunsch ist mir Befehl, aber ich besitze nichts», erwiderte Ekalavya leise.

Da sagte Drôna schlau: «Dann gib mir deinen rechten Daumen.» Ekalavya drehte sich zum Abbild um und biss sich auf die Lippen. Dann wandte er sich Drôna zu und sagte: «Ich tue es.»

Er schnitt seinen Daumen ab und gab ihn Drôna. Drôna war froh, dass Ekalavya nun keinen Bogen mehr würde spannen können und kehrte zum Jagdlager zurück, ohne nur ein Wort des Dankes zu sagen.

15

Karna

Drôna begann mit den Vorbereitungen für ein Turnier, in dem Dhritarâshtra die Pândavas und die Kauravas als kunstfertige Krieger vorführen wollte. Natürlich würde Arjuna der Beste sein.

Der Tag des Turniers brach an. Die Pândavas und die Kauravas hatten ihre Kunststücke bereits vorgeführt, als Letzter kam Arjuna an die Reihe. Mit der göttlichen Agni-Waffe schuf er Feuer und löschte es mit dem Regen, den er mit der göttlichen Varuna-Waffe ausgelöst hatte.

Dann betrat ein junger Mann den Kampfplatz und forderte Arjuna heraus. Leise kichernd malten sich die anderen Pândavas und Kauravas aus, wie Arjuna den

Arjuna

jungen Mann schlagen und demütigen würde. Als der junge Mann sie hörte, drehte er sich verärgert um. Er wollte beweisen, dass er würdig sei, diesen Kampf zu führen, und wusste zudem, wie geschickt Arjuna war. Darum kopierte er Arjunas Taten mit gleicher Kraft und gleichem Geschick. Gebannt schaute das Publikum zu.

Arjuna nahm die Herausforderung voller Verblüffung an. Die Pândavas und die Kauravas konnten nicht glauben, dass dieser junge Mann genauso gut war wie Arjuna.

Duryôdhana ging ein anderer Gedanke durch den Kopf. Wenn er die Freundschaft dieses Mannes gewinnen könnte, dachte er, hätte er größere Chancen, die Pândavas zu töten. Er wollte den jungen Mann gerade fragen, wer er sei, als ein alter, armer Wagenlenker den Kampfplatz betrat. Kaum sah ihn der junge Mann, stürzte er zu ihm hin und berührte seine Füße.

Die Pândavas lachten, bis sie Seitenstiche bekamen. «Der Sohn eines Wagenlenkers», spotteten sie, «fordert den Sohn eines Königs heraus!» Da richtete sich der junge Mann wütend auf, hielt den Alten fest im Arm und sagte: «Mein Name ist Karna. Dies ist mein Pflegevater Adhiratha. Er fand mich in einer Kiste, die im Fluss schwamm. Schon damals trug ich dieses glänzende Panzerhemd und die leuchtenden Ohrringe. Meine Pflegeeltern, Râdhâ und Adhiratha, haben mich mit genauso viel Liebe und Fürsorge großgezogen, wie sie Eltern ihren eigenen Kindern zuteil werden lassen.»

In dem Augenblick, als Karna dies sagte, trat Kuntî auf den Kampfplatz. Sie fiel in Ohnmacht und die anderen Frauen brachten sie in den Palast. Die Prinzen hatten nichts bemerkt.

Duryôdhana lächelte vor sich hin. Jetzt war seine Chance noch größer, Karnas Freundschaft zu gewinnen.

Da sagte Bhîma: «He! Du kannst nicht gegen Arjuna kämpfen, denn du bist ein Bauer und er ist ein Prinz.»

Jetzt war für Duryôdhana der Moment gekommen, seinen Plan zu verwirklichen. Er machte sich an Karna heran und sagte: «Das spielt keine Rolle, Karna. Ich kröne dich zum König von Anga. Als König hast du das Recht, Arjuna herauszufordern.»

Bhîma lachte. «Der Sohn eines Wagenlenkers ein gekrönter König, was?» Aber das war alles, was er vorbringen konnte. Kuntî, die wieder bei Besinnung war und aus dem Fenster schaute, protestierte leidenschaftlich. Aber niemand hörte sie.

In der Menge vernahm man gedämpftes Geflüster: «Eines Tages werden Arjuna und Karna aufeinander treffen und sich auf den Tod bekämpfen.»

16

Indra begegnet Karna

Wie ich bereits erzählte habe, hatte Karna einen Wagenlenker und dessen Frau als Pflegeeltern. Sie hießen Adhiratha und Râdhâ und waren kinderlos. Sie hatten Karna in einer aus Holz geschnitzten Kiste gefunden, die im Fluss schwamm. Karna war mit einem goldenen Panzerhemd bekleidet gewesen und hatte goldene Ohrringe getragen. Adhiratha und Râdhâ hatten gedacht, dieses Kind wäre ihnen von Gott gesandt, und hatten es Karna genannt, was bedeutet: mit Schmuck geboren.

In der Nacht nach dem Turnier hatte Karna einen seltsamen Traum. Er sah sich durch einen dunklen Wolkennebel laufen und um ihn herum klangen unsichtbare Stimmen, die wie ein Echo in seinem Kopf widerhallten: «Wer bist du, Karna?»

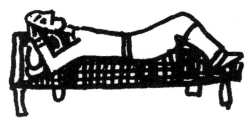

Karna schläft

Plötzlich teilten sich die Wolken und ein helles Licht tauchte auf. Karna schreckte vor der Helligkeit zurück. Er konnte eine Gestalt ausmachen, die zu sagen schien: «Ich, der Sonnengott, bin dein Vater.» Der Sonnengott war es also, der das Geheimnis von Karnas Geburt enthüllte. Aus Sorge, Kuntî zu demütigen, ließ der Sonnengott Karna versprechen, niemandem zu sagen, dass sie seine Mutter war. Karna versprach es. Aber das war nicht alles. Der Sonnengott erzählte Karna noch mehr. Er sagte ihm: «Trenne dich niemals von deiner Rüstung und deinen Ohrringen. Sie haben magische Kräfte, die dich beschützen und dich unsichtbar machen können.» Dann erklärte er Karna, dass Indra Arjunas Vater sei, und dass Indra es darauf anlege, Karna die Rüstung und die Ohrringe wegzunehmen.

Karna wachte auf. Im schwachen Licht der Morgensonne sah er die Gestalt eines alten Mannes auf sich zukommen. Er kam näher und sagte zu Karna: «O Karna! Überall in der Welt ist die Rede von deiner Größe und deiner Großzügigkeit. Um zu beweisen, dass das wahr ist, versprich mir, dass du mir meine Bitte nicht abschlagen wirst.»

Der Traum stand Karna wieder vor Augen. Plötzlich wusste er, wer der Fremde war und was er wollte. Trotzdem gab Karna das Versprechen. Der alte Mann grinste verschlagen und bat Karna, sich von seinem Panzerhemd und seinen Ohrringen zu trennen. Ohne auch nur einen Augenblick zu zögern, nahm Karna beides ab und gab es dem alten Mann.

Dieser verschwand, und vor Karna stand ein Gott, der in glänzend seidene Kleider gehüllt war. Er sagte: «Ich bin Indra, der König der Dîvas.»

«Als hätte ich das nicht gewusst», erwiderte Karna.

Indra fuhr fort: «Da mir deine Großzügigkeit gefallen hat, erfülle ich dir einen Wunsch.» Karna überlegte einen Augenblick, dann bat er: «Wenn das so ist, dann möchte ich die göttliche Indra-Waffe, deine Shakti.« Indra war fassunglos. Diese Waffe durfte er keinem Sterblichen geben. Damit könnte er die ganze Welt zerstören, dachte Indra. Aber er musste zu seinem Wort stehen.

«Ich gebe dir die göttliche Waffe, aber du darfst sie nur ein einziges Mal benutzen. Nachdem du die Waffe einmal benutzt hast, wird sie von selbst zu mir, ihrem Schöpfer, zurückkehren.»

Er gab Karna die Waffe und verschwand.

17

Parashurâma

Bevor Karna die göttliche Indra-Waffe benutzen durfte, musste er die Kunst des Bogenschießens gebührend erlernen. Es gab nur zwei Lehrer auf der Welt, die seine Künste noch vervollkommnen konnten. Der erste war Drôna, der Lehrmeister der Pândavas und Kauravas, der sich aus verschiedenen Gründen bestimmt weigern würde. Der zweite war Parashurâma, der Drônas Lehrmeister gewesen war. Karna entschied sich für Parashurâma. Das war zwar ein wenig gefährlich, denn Parashurâma hegte einen persönlichen Groll gegen *Kshatriyas.* Darum musste Karna sorgfältig verbergen, wer er war. Er verkleidete sich als Brahmane und ging zu Parashurâmas *Ashram.* Parashurâma war bereit, ihn als Schüler aufzunehmen, wenn er ihm dafür zu Diensten sein würde.

Nach vielen, vielen Jahren des Unterrichts kam schließlich der Tag, an dem Karna die Kunst des Bogenschießens vollkommen beherrschte.

An diesem Tag war Parashurâma zufällig besonders schläfrig. Er legte seinen Kopf auf Karnas Schoß und schlief ein. Während er schlief, biss ein Insekt in Karnas Oberschenkel und bohrte sich Blut saugend in das Fleisch. Als Parashurâma aufwachte, bemerkte er eine Blutlache neben Karnas Bein. Parashurâma wollte wissen, was geschehen war, und Karna erklärte es ihm bereitwillig. Da geriet Parashurâma außer sich vor Zorn. «Du musst ein Kshatriya sein. Nur ein Kshatriya kann solche Schmerzen aushalten. Vom Tage seiner Geburt an lernt er, seine Schmerzgefühle zu beherrschen. Weil du mich hintergangen hast, verdamme ich dich dazu, dass du vergisst, deine göttlichen Waffen zu brauchen.» Karna fiel seinem Lehrer zu Füßen und flehte ihn an, den Fluch zurückzunehmen. Parashurâma dachte daran, was für ein getreuer Schüler Karna gewesen war und veränderte den Fluch. Nun sollte Karna den Gebrauch seiner Waffen in dem Moment vergessen, in dem er sie am meisten brauchte.

Als Karna auf dem Heimweg war, erschoss er versehentlich die Kuh eines Brahmanen. Der Brahmane war wütend und verfluchte Karna: «Wenn du mit deinem ärgsten Feind kämpfst, wird dein Wagenrad im Boden stecken bleiben, so dass du dich nicht mehr rühren kannst.» Karna war bestürzt. Mit schwerem Herzen kehrte er nach Hause zurück, um sein Königreich Anga zu regieren.

18

Das Haus mit den lackierten Wänden

Duryôdhanas Hass auf die Pândavas stieg ins Unermessliche. Er war ständig in düsterer Stimmung. Um ihn zu beruhigen, kamen Shakuni, sein Onkel, und

Das Haus mit den lackierten Wänden

Karna zusammen und heckten einen Plan aus, wie sie die Pândavas töten könnten. Duryôdhana gefiel dieser Plan und so begannen sie mit den Vorbereitungen.

Zunächst wandte sich Duryôdhana an seinen Vater Dhritarâshtra und bat ihn, die Pândavas nach Vâranâvata zu schicken, wo ein Fest zu Ehren von Shiva stattfand. Dhritarâshtra ahnte eine List, aber seine Zuneigung für Duryôdhana war stärker, also willigte er ein, die Pândavas nach Vâranâvata zu schicken.

Mit einem Freudensprung eilte Duryôdhana in seine Gemächer, wo Shakuni und Karna die Verschwörung besprachen. Sie zeichneten Pläne für einen Palast in Vâranâvata, in dem die Pândavas untergebracht werden sollten.

Zur gleichen Zeit rief Dhritarâshtra Yudhishthira zu sich, um ihm mitzuteilen, dass er nach Vâranâvata reisen solle, um dort am Shiva-Fest teilzunehmen. Eines Tages würde Yudhishthira König sein und deshalb sollte er jeden Teil seines Reiches kennen lernen. Yudhishthira zog sich in seine Gemächer zurück und teilte den anderen Pândavas mit, dass sie nach Vâranâvata aufbrechen würden. Über diese gute Nachricht freuten sich alle sehr.

Derweil entstand in Vâranâvata ein wunderschöner Palast. Er wurde ‹Haus der Freude› genannt, aber tatsächlich wohnte in ihm der Tod. Die Wände waren mit Lack bestrichen und hatten Zwischenräume, die mit brennbarem Material wie Stroh, Butterschmalz und Jute ausgefüllt waren.

An einem günstigen Tag traten die Pândavas ihre Reise nach Vâranâvata an und dachten an die fröhlichen Tage, die vor ihnen lagen. Fast alle Bürger begleiteten sie ein Stück des Weges und bedauerten, dass sie umkehren mussten. Bhîshma und Drôna verließen die Pândavas kurz vor der Grenze. Als sie an der Grenze ankamen und nur noch wenige Bürger bei ihnen waren, sprach Vidura in einer Sprache, die nur Yudhishthira verstehen konnte:

«Wer die Absichten seines Feindes kennt, kann niemals geschlagen werden. Es gibt Waffen, die härter sind als Stahl, und wer der Zerstörung entfliehen will, muss wissen, wie er sich vor ihnen schützt. Bedenke, der Schakal kriecht aus unterirdischen Gängen ins Freie. Die Sterne werden dich bei deinen Entscheidungen leiten.»

Diese Worte sollten Duryôdhanas gefährlichen Plan enthüllen. Yudhishthira verstand, was sie bedeuteten, und antwortete Vidura in derselben Sprache, um zu zeigen, dass er die Botschaft erfasst hatte. Er wollte abwarten, bis alle treuen Begleiter fort waren, bevor er seinen Brüdern und seiner Mutter eröffnete, was Vidura gesagt hatte.

Als der letzte Bürger sie verlassen hatte, fragte Kuntî, die vor Neugierde beinahe platzte: «Worüber hast du mit Vidura in dieser fremden Sprache gesprochen?»

Yudhishthira antwortete: «Duryôdhana hat einen neuen Plan ausgeheckt. Er hat uns nach Vâranâvata schicken lassen, wo er einen entflammbaren Palast gebaut hat, in dem wir wohnen sollen. Er will uns umbringen, indem er den Palast anzündet.»

So hatten sie den ersten Teil ihrer Reise fröhlich und voller Vorfreude auf festliche Tage verbracht, während sie den Rest des Weges voller Sorge zurücklegten.

In Vâranâvata wurden sie von den Bürgern freudig empfangen. Sie waren begeistert, dass die Pândavas das Shiva-Fest mit ihnen verbringen würden.

Die Pândavas wurden zum ‹Haus der Freude› gebracht. Purôchana, ein Späher Duryôdhanas, wies ihnen den Weg. Er hatte den Bau des Palastes geleitet und den Auftrag erhalten, das Feuer zu legen. Purôchana ahnte nicht, dass die Pândavas davon wussten, aber Vidura hatte ihnen erzählt, welche Rolle Purôchana in Duryôdhanas Verschwörung spielte.

Einige Tage später, als die Pândavas sich in Vâranâvata eingerichtet hatten, trafen sie heimlich mit einem Bergarbeiter zusammen, der ihnen eröffnete, er werde im Auftrag Viduras einen unterirdischen Gang bauen, der in den Wald führe. Wenn der Palast brannte, könnten sie durch diesen Ausgang fliehen. Um zu beweisen, dass er wirklich von Vidura geschickt worden war, wiederholte der Bergarbeiter Viduras vorletzten Satz seiner Abschiedsworte: «Bedenke, der Schakal kriecht aus unterirdischen Gängen ins Freie.» Dann begann er den Gang zu graben.

In der Nacht konnten die Pândavas kaum schlafen. Ständig mussten sie auf der Hut sein, weil sie fürchteten, Purôchana würde den Palast anzünden.

Morgens gingen sie hinaus zum Jagen. Unter diesem Vorwand machten sie sich mit dem Wald vertraut.

Purôchana wurde unruhig. Das war für die Pândavas das Zeichen, dass er eine Botschaft von Duryôdhana erwartete.

Das Fest

Endlich war der Fluchtweg fertig. In der Nacht gab Kuntî ein Fest für alle Diener des Palastes und sorgte dafür, dass sie vom Wein schwer betrunken wurden. Auf ein Zeichen zündeten die Pândavas den Palast an. Da die Diener nicht in der Lage waren zu fliehen, wurden sie alle von den Flammen getötet. Derweil flohen die Pândavas leise und heimlich durch den unterirdischen Gang in den Wald.

Am nächsten Tag waren die Menschen aus Vâranâvata in tiefer Trauer. Sie hatten die Leichen von fünf Männern und einer Frau gefunden, die sie für die Pândavas und deren Mutter Kuntî hielten.

Die Nachricht erreichte Hastinâpura. Duryôdhana machte ein trauriges Gesicht, aber innerlich jubelte er.

Er dachte: «Jetzt sind die Pândavas tot und damit ist das Hindernis zwischen mir und dem Thron beseitigt. Jetzt kann ich sicher sein, die Krone zu bekommen, wenn mein Vater stirbt.»

Beim Gedanken an die Krone leckte er sich die Lippen.

Die Pândavas kamen zu einem See im Wald. Dort wartete ein Mann mit einem Boot auf sie. Er war von Vidura geschickt worden. Um zu beweisen, dass er keiner von Duryôdhanas Leuten sei, wiederholte auch er den Satz: «Bedenke, der Schakal kriecht aus unterirdischen Gängen ins Freie.»

Dann ruderte er sie über den See und sie erreichten den Wald, in dem sie fortan lebten.

19

Bhîma und Hidimbî

Eines Tages sah ein Dämon – er hieß Hidimba und war der Herr des Waldes – die Pândavas jagen. Auf einmal überfiel ihn das Verlangen, Blut zu trinken und Fleisch zu fressen, und er rief seine Schwester Hidimbî. Er befahl ihr, das Versteck der Pândavas zu suchen und ihn dann zu rufen. Gemeinsam würden sie die Pândavas töten.

Hidimbî fand die Hütte der Pândavas sofort. Sie hatten immer eine Wache davor stehen, um sich vor den Gefahren des Waldes zu schützen. Jede Nacht wechselten sie sich ab. In jener Nacht war Bhîma an der Reihe. Als Hidimbî Bhîma erblickte, verliebte sie sich augenblicklich in ihn und hatte kein Lust mehr, ihn zu töten.

Inzwischen machte sich Hidimba Sorgen, weil seine Schwester noch nicht zurückgekehrt war, um ihn zu rufen. Er dachte, die Pândavas hätten sie entdeckt und sofort getötet. Doch er verwarf diesen beunruhigenden Gedanken gleich wieder, denn er wusste, Hidimbî war so stark, dass die Pândavas keine Chance hatten, sie zu überwältigen. Um das Rätsel von Hidimbîs Verschwinden zu lösen, machte er sich selbst auf, sie zu suchen.

Er fand die Hütte ebenso schnell wie Hidimbî. Als er dort ankam, musste er feststellen, dass seine Schwester sich in eine wunderschöne junge Frau verwandelt hatte. Da wusste er gleich, dass sie sich in Bhîma verliebt hatte, und er war wütend, weil sie ihn verraten hatte. All seine brüderliche Liebe für sie, alles Vertrauen, das er in sie gesetzt hatte, waren in dieser Sekunde verschwunden und in seinem Herzen fand sich nur noch der Wunsch nach Rache. Er machte sich auf, die Pândavas zu töten, die schuld waren, dass seine Schwester ihn verlassen hatte.

Doch dann hielt Hidimba inne. «Ich sollte ihr eine zweite Chance geben», dachte er.

Als Hidimbî ihn sah, sagte sie zu den Pândavas: «Das ist mein Bruder Hidimba. Er ist der König des Waldes und ein wilder Dämon. Er ist bestimmt wütend auf mich, weil ich ihn verlassen habe. Springt auf meinen Rücken, und ich bringe euch in Sicherheit, denn ihr habt gegen ihn keine Chance.»

Die Pândavas weigerten sich das zu tun, und Hidimbî dachte traurig: «Ich sollte mich von ihnen verabschieden und von mir selbst wohl auch.»

Aber sie kannte die Pândavas ja erst kurze Zeit und ihre Befürchtungen erwiesen sich als vollkommen falsch.

Bhîma forderte Hidimba zu einem Zweikampf heraus. Es war ein zäher und wilder Kampf, aber am Ende siegte Bhîma, und er tötete Hidimba. Hidimbî, deren Gebete erhört worden waren, fand die Worte nicht, um ihre Freude über den Sieg und das Überleben von Bhîma zu beschreiben.

Bald darauf heirateten Bhîma und Hidimbî. Hidimbî erwies sich als sehr nützlich, denn sie wusste, wie man aus Wurzeln und Pflanzen wohlschmeckende Speisen zubereitete, wie man eine giftige Pflanze erkannte und vor allem, wie man Bisse von Schlangen und anderen Tieren behandelte. Zudem war sie sehr stark, sie konnte alle fünf Pândavas und ihre Mutter zusammen tragen. Wenn die Pândavas schliefen, bewachte Hidimbî sie.

Nach einiger Zeit gebar Hidimbî einen Sohn namens Ghatôtkacha.

Aber bald mussten die Pândavas aufbrechen. Traurig nahmen Bhîma und Hidimbî voneinander Abschied, denn Hidimbî musste bleiben, um den Wald zu regieren. Ghatôtkacha versprach seinem Vater, wann immer er ihn brauche, müsse er nur an ihn denken und schon stünde er ihm zur Seite.

Nun waren die Pândavas bereit zu gehen. Hidimbî und Ghatôtkacha waren sehr traurig, aber sie wussten beide, dass die Pândavas so wenig für immer im Wald bleiben konnten, wie sie selber den Wald verlassen konnten. Betrübt übernahm Hidimbî ihr Amt als Herrscherin des Waldes.

20

Die fremde Stadt

Schweren Herzens reisten die Pândavas zur nächsten Stadt. Sie war zwar bewohnt, aber sie hätte genauso gut auch verlassen sein können, so bedrückt, schweigsam und rätselhaft gingen die Bewohner ihren Geschäften nach.

Den Pândavas schien das sehr verdächtig, aber zunächst hatten sie genug damit zu tun, sich unerkannt unter die Einwohner zu mischen. Sie suchten eine Unterkunft und fanden einen armen Töpfer, der ihnen ein Zimmer anbot. Dort konnten sie dank ihrer zurückhaltenden Art mehrere Monate lang unbeachtet von den Bewohnern der Stadt leben.

Eines Tages wurde Kuntî durch lautes Jammern der Töpferfamilie aufgeschreckt. Neugierig fragte sie, ob ihnen ein Unheil widerfahren sei. Da erklärte ihr die Familie, worunter die ganze Stadt litt.

Vor langer Zeit war aus dem Nichts ein Dämon namens Bakâsura aufgetaucht, der anfing, Menschen zu verschlingen. Der König und seine Edelleute waren geflohen, um ihr Leben zu retten, und hatten die Bürger zurückgelassen.

Die Leute schlossen ein Abkommen mit dem Dämon. Sie versprachen, ihm jeden Tag einen Mann und einen Wagen voller Essen zu schicken, der von zwei Büffeln gezogen wurde. Der Wagen kam jeweils leer zurück, ohne Kutscher und ohne die beiden Büffel.

Nun war die Reihe an der Töpferfamilie, die aus einer jungen Tochter und einem Sohn, dem Töpfer und seiner Frau bestand. Sie stritten darüber, wer gehen sollte. Der Töpfer sagte: «Ich gehe, denn ich bin das Haupt der Familie und muss ihre Probleme und Lasten auf meine Schultern nehmen.»

«Nein, nein», sagte seine Frau, «du musst die Familie mit deinem Einkommen unterstützen. Wenn du nicht mehr bist, wer sollte sie dann ernähren?»

Daraufhin schrie der Sohn: «Mutter, wenn du gehst, wer soll sich um uns kümmern? Lass mich gehen, mein Leben ist nicht so wichtig wie eures.»

«Bruder!», rief da die Schwester. «Wenn unsere Eltern alt sind, wer wird sie versorgen? Lass mich gehen. Wenn ich am Leben bleibe und heirate, wer wird dann für unsere Eltern da sein?» Und so ging der Streit weiter.

Kuntî mischte sich ein. «Lasst einen meiner Söhne gehen. Ich habe fünf und ihr habt nur einen.»

Daraufhin kehrte sie in ihr Zimmer zurück. Als die Pândavas am Abend heimkehrten, erzählte sie ihnen vom Schicksal der Töpferfamilie. Bhîma bot sofort an, dass er gehen werde. Er sagte, er werde Bakâsura erschlagen. Zuerst wollten die anderen Pândavas ihn nicht gehen lassen. Aber dann wurde ihnen klar, dass sie als Kshatriyas die Pflicht hatten, die armen Menschen zu beschützen.

Also begab sich Kuntî umgehend nach nebenan, wo der Töpfer und seine Familie immer noch stritten, wer gehen sollte. Sie unterbreitete ihnen ihr Angebot, das sofort angenommen wurde.

«Wie können wir euch diese Freundlichkeit je vergelten?», fragte der dankbare Töpfer.

«Indem ihr verschweigt, wer wir sind», antworteten die Pândavas im Chor.

21

Bakâsuras Tod

Der Ochsenkarren

Am nächsten Morgen lenkte Bhîma den mit Essen voll beladenen Wagen zu Bakâsuras Höhle. Da er hungrig war, aß er mit großem Appetit von den Speisen, die für Bakâsura bestimmt waren. Als er etwa die Hälfte gegessen hatte, lachte er und sagte laut: «Bakâsura, dein Essen ist da. Lass dir Zeit, denn ich esse alles auf. Schade, dass es in der Stadt kein so gutes Essen gibt wie dieses.»

Wütend antwortete eine Stimme aus der Höhle: «Du unverschämter Sterblicher, du kennst nicht die Stärke des großen Bakâsura! Ich werde dich für dein respektloses Benehmen bestrafen!»

«Na, dann komm und tu es», sagte Bhîma zwischen zwei Happen Reis.

Das machte Bakâsura nur noch wütender und mit

einem Riesengebrüll kam er aus der Höhle gestürzt. Er war ein hässliches Geschöpf. Sein Haar war von kräftigem Rot, der Farbe des Blutes. Sein ganzer Körper war von einer dichten Haarmatte überwuchert. Sein Mund war rot, die Zunge hing heraus und man konnte die scharfen Eckzähne sehen. Seine Gestalt ragte über die Gipfel der Bäume, und es schien, als berührte der Kopf den Himmel.

Gelassen betrachtete Bhîma das entsetzlich aussehende Geschöpf von Kopf bis Fuß, dann wandte er sich wieder seinem Mahl zu. Bakâsura tobte vor Wut und stürzte sich auf Bhîma. Bhîma streckte einen Arm aus und stieß den Dämon mit solcher Gewalt von sich, dass der gegen einen Baum flog. Während Bakâsura sich benommen aufrappelte und einen neuen Angriff vorbereitete, beendete Bhîma sein Mahl und drehte sich mit einer schnellen Bewegung zu Bakâsura um.

«Wollen wir kämpfen?», fragte Bhîma, ballte die Fäuste und machte sich bereit. Als Antwort ließ Bakâsura Bäume, Steine und andere harte Dinge, die in seiner Reichweite lagen, auf Bhîma hinunterregnen.

Als alle Wurfgeschosse verschleudert waren, stürzten sich Bhîma und Bakâsura aufeinander. Sie rangen ein paar Minuten lang, bis Bhîma Bakâsura packte und mit einer Wucht zu Boden warf, dass Bakâsura sich den Rücken brach und auf der Stelle starb.

Bhîma kehrte in die Stadt zurück, wo ihn die Bürger freudig empfingen. Sie schmückten seine Stirn mit Zinnoberrot und Asche und trugen ihn durch die Straßen. Als die Frage nach einer Belohnung aufkam, baten die Pândavas: «Sagt kein Wort über unser Kommen und Gehen. Das ist die beste Belohnung für uns.»

Die ganze Stadt verpflichtete sich zum Schweigen.

22

Draupadî

Obwohl die Pândavas sich versteckt hielten, kamen treue Freunde sie heimlich besuchen, um ihnen die neuesten Nachrichten mitzuteilen.

Nachdem Bakâsura erschlagen war, erzählte ein Freund den Pândavas, dass König Draupada für seine wunderschöne Tochter, die Prinzessin Draupadî, eine Bräutigamswahl veranstalte. König Draupada stellte sich keine gewöhnliche Svayamvara vor, sondern es sollte ein Wettkampf stattfinden, und der Sieger sollte die Prinzessin Draupadî zur Frau bekommen. Die Svayamvara sollte in der Hauptstadt von Draupadas Königreich Panchâla stattfinden.

Die Pândavas beschlossen teilzunehmen und sich zu erkennen zu geben. Sie verabschiedeten sich vom Töpfer und seiner Familie, verkleideten sich als Brahmanen und brachen nach Kâmpilya auf. Unterwegs mischten sie sich unter die anderen Brahmanen, die nach Kâmpilya unterwegs waren, um beim Wettbewerb dabei zu sein und vielleicht auch, um Almosen zu erhalten.

In Kâmpilya herrschte reges Treiben, die Vorbereitungen für die Svayamvara waren in vollem Gange. Tausende von Besuchern und Reisenden drängten sich in den Straßen. Im Palast unterhielt König Draupada seine Gäste (die Brautbewerber) mit vielerlei Speisen und Getränken, Theatervorstellungen und sportlichen Übungen. Insgeheim hoffte er, dass Arjuna noch am Leben sei, dass er am Wettbewerb teilnehmen und Draupadî gewinnen werde.

Schließlich kam der Tag der Svayamvara. König Draupada hatte ein Rad aufgehängt, an dem ein Fisch angebracht war und das sich drehte. Darunter stand ein Gefäß mit Wasser. Die Wettkämpfer sollten das Spiegelbild des Fisches im Wasser ansehen, und fünf Pfeile in das Auge des sich am Rad drehenden Fisches schießen.

Draupadî kam auf einem Elefanten angeritten, der von ihrem Zwillingsbruder Dhrishtadyumna geführt wurde. Alle Versammelten waren von der Schönheit der Prinzessin überwältigt und schauten sie voller Bewunderung an. Sie war dunkel und hatte eine wunderbare Haut. In ihren schwarzen Augen schienen zwei helle Sterne zu leuchten. Die langen, gebogenen Wimpern betonten die Schönheit der Augen. Draupadî hatte eine gerade, schmale Nase und einen kleinen, roten Mund. Sie hatte deutlich hervortretende Wangenknochen und rosige Wangen. Ihr langes, dichtes Haar fiel ihr bis zu den Knien. Sie trug vornehme Kleider und herrliche Juwelen, und war von königlicher Anmut. Obschon sie noch jung war, konnte man in ihren Augen Stolz aufblitzen sehen.

23

Die Bräutigamswahl

Dhrishtadyumna führte die Prinzessin zu den Plätzen, wo die Brautbewerber saßen. Bei jedem König, Prinzen oder Stammesfürsten, an dem die beiden vorbeikamen, rief Dhrishtadyumna laut dessen Namen und den seines Volkes oder seines Königreichs. Als Draupadî an den Prinzen vorbeiging, waren sie von ihrer Schönheit noch mehr beeindruckt. Jeder schwor sich, dass sie seine Braut werden sollte. Dann schritt Draupadî zu einem kleinen Podest, auf dem für sie ein Sitzplatz hergerichtet war.

Ein Bewerber nach dem anderen trat vor, ein jeder überzeugt davon, die Aufgabe erfüllen zu können, doch alle kehrten als Versager auf ihre Plätze zurück.

Als Karna, der König von Anga, sich aufstellte und den Bogen ergriff, schauten ihm die verkleideten Brahmanen ernst und gespannt zu, denn Karna galt als der einzige Bogenschütze, der sich mit Arjuna messen konnte. In dem Moment, als Karna einen Pfeil anlegen wollte, um ins Auge des Fisches zu schießen, durchschnitt eine stolze, hochmütige Stimme die angespannte Stimmung: «Warte.»

Es war Prinzessin Draupadî. Aller Augen wandten sich ihr zu, und Karna ließ verwirrt den Bogen sinken.

Die Prinzessin fuhr fort: «Warte. Ich will nicht den Sohn eines Wagenlenkers, den Angehörigen einer niedrigen Kaste heiraten und damit meine Ehre als Prinzessin aufs Spiel setzen.»

Karna öffnete den Mund, um etwas zu erwidern, schloss ihn aber wieder und kehrte gedemütigt zu seinem Platz zurück.

Weil nun alle Bewerber versagt hatten und Karna gedemütigt worden war, stellte Dhrishtadyumna die bange Frage: «Gibt es noch jemanden, der sich um die Hand meiner Schwester bemühen will?»

Die Antwort erfolgte sofort: Aus den Reihen der Brahmanen trat ein junger Mann hervor und schritt zum Kampfplatz. Kaum hatten die Prinzen ihn als Brahmanen erkannt, schleuderten sie ihm und Draupada wütende Beleidigungen entgegen. Der Brahmane aber war in Wirklichkeit niemand anderes als Arjuna.

Arjuna

Dhrishtadyumna erhob seine Hand und sagte: «Er soll es versuchen.»

Die Prinzen gaben nach, rutschten aber unruhig auf ihren Sitzen hin und her. Der Brahmane verbeugte sich vor Dhrishtadyumna. Dann betrat er den Kampfplatz, schaute in das Wassergefäß, spannte den Bogen und schoss blitzschnell fünf Pfeile in das Auge des Fisches. Bei den Prinzen brach Tumult aus, während die Brahmanen laut jubelten. Die meisten der Brautbewerber stürzten auf König Draupada zu, nur wenige blieben auf ihren Plätzen. Bhîma, Arjuna und Dhrishtadyumna eilten zu König Draupada, um ihn zu beschützen. Bhîma riss Bäume aus, die im Hof wuchsen und schleuderte sie umher, sodass viele Angreifer zurückwichen. Arjuna und Dhrishtadyumna wiesen die herandrängenden wütenden Brautbewerber mit Gewalt zurück. Krishna, der Fürst des *Yâdava*-Volkes, erkannte seine Vettern, die Pândavas. Er flüsterte seinem Bruder Balarâma zu: «Das sind in Wirklichkeit Prinzen, und zwar die Pândavas.»

Balarâma schaute ihn verwundert an. «Warum sagst du das?», fragte er.

«Nun», sagte Krishna und zwinkerte. «Wieso sollten Brahmanen die Kriegskunst beherrschen?»

Balarâma zuckte die Achseln. Aber Krishna fuhr fort: «Der Mann, der die Bäume schwingt, ist Bhîma. Arjuna ist der junge Mann, der den Wettkampf gewonnen hat, Yudhishthira ist mit Nakula und Sahadîva geflohen, wahrscheinlich fürchteten sie, erkannt zu werden.»

Schließlich waren die Prinzen zurückgedrängt worden. Arjuna und Bhîma verschwanden und nahmen Draupadî mit.

24

Die Entscheidung

König Draupada wollte wissen, wer diese Brahmanen waren, und wies seinen Sohn an, ihnen zu folgen. Dhrishtadyumna fand sie bei den drei anderen Brahmanen, die schon vorher verschwunden waren. Er folgte ihnen bis zu einem Armenviertel in der Stadt. Dort klopften sie an die Tür einer bescheidenen Hütte.

Einer von ihnen rief: «Guck mal, was wir mitgebracht haben, Mutter.»

Die Stimme einer älteren Frau antwortete: «Teilt es unter euch auf, meine Söhne.»

Die jungen Brahmanen rangen nach Luft und schauten sich gegenseitig an.

Von seinem Versteck aus hörte Dhrishtadyumna Schritte. Eine ehrwürdige Dame machte die Tür auf. Voller Bestürzung sagten die Brahmanen: «Arjuna hat heute eine Braut gewonnen, und du sagst, wir sollen sie miteinander teilen.»

Die Dame umarmte und küsste Draupadî und sagte: «Ich nehme zurück, was ich gesagt habe.»

Dhrishtadyumna hörte mit an, dass die Brüder aus Gehorsam zu ihrer Mutter beschlossen, Draupadî trotzdem zu ihrer gemeinsamen Frau zu machen. Danach betraten sie ihr kleines Haus und erzählten ihrer Mutter, was an dem Tag geschehen war. Sie sprachen andauernd von Waffen, woraus Dhrishtadyumna schloss, dass die Brahmanen tatsächlich Kshatriyas waren. Krishna und Balarâma, die den Pândavas gefolgt waren, stellten sich ihnen vor. Es war ein freudiges Wiedersehen der Vettern.

Frohgemut kehrte Dhrishtadyumna zu seinem Vater zurück und erzählte ihm, was er entdeckt hatte. Als Draupada klar wurde, dass die Brahmanen in Wirklichkeit die Pândavas waren, war seine Freude so groß, dass er Boten zur Hütte schickte, um die Pândavas in seinen Palast einzuladen.

25

Draupadîs Gebet im vorigen Leben

Als König Draupada vernahm, dass die Pândavas beschlossen hatten, alle gemeinsam Draupadî zu heiraten, geriet er in einen Zwiespalt. Er durfte sein Wort nicht brechen, aber wie konnte er zulassen, dass seine Tochter fünf Männer heiratete? In dem Augenblick trat Vyâsa hinzu. Er bemerkte König Draupadas besorgten Blick und erklärte ihm, warum dies Draupadîs Schicksal sei.

Vyâsa sagte: «Draupadî war in ihrem vorigen Leben die liebende Frau eines Mannes, der kurz nach der Hochzeit starb. Verzweifelt betete sie zu Gott Shiva, dass er ihr einen Mann schenke. Um ihren Wunsch zu erfüllen, stieg Gott Shiva vom Berg Kailâsha herab und stellte sich vor sie. Draupadî nahm ihn aber nicht wahr und murmelte fünf Mal: ‹Ich wünsche mir einen Mann.› Dann öffnete sie die Augen, weil sie spürte, dass jemand in der Nähe war. Sie entdeckte voller Staunen Gott Shiva und warf sich vor ihm zu Boden. Er sagte: ‹Du hast fünf Mal gesagt, du wünschest dir einen Mann, darum wirst du in deinem nächsten Leben fünf Männer haben.› Bevor ihr richtig klar wurde, was geschehen war, hatte sich Gott Shiva in Luft aufgelöst.»

Vyâsa fuhr fort: «Also ist es recht, dass Draupadî alle fünf Pândavas heiratet.»

An einem Glück verheißenden Tag heirateten die fünf Pândavas die wunderschöne Draupadî in einer prächtigen und prunkvollen Feier.

Dhritarâshtra hatte durch seine Späher von der Hochzeit der Pândavas mit der schönen Prinzessin von Panchâla gehört. Nachdem er sich mit seinen Ministern beraten hatte, schickte er Vidura mit einer Botschaft zu ihnen, um sie nach Hastinâpura einzuladen. Zunächst waren die Pândavas nicht sehr erpicht darauf, zurückzugehen, aber auf Krishnas Rat änderten sie ihre Meinung und kehrten nach Hastinâpura zurück.

26

Das neue Königreich

Als die Pândavas mit ihrer Gattin Draupadî nach Hastinâpura zurückkehrten, hatte Duryôdhana einen neuen Plan ausgeheckt. An einem Ende des Königreichs seines Vaters lag ein glühend heißes Wüstengebiet, wo früher einmal ein Wald gestanden hatte. Die Legende berichtete, dass dieses karge Land von Dämonen bewohnt sei. Duryôdhana brachte Dhritarâshtra dazu, den Pândavas dieses Land als Königreich zu geben. Die Pândavas überlegten, was sie mit diesem großen, unfruchtbaren Gebiet anfangen sollten. Sie ersuchten ihren Freund Krishna um Rat und beschlossen,

Indraprastha

das Buschland abzubrennen und eine neue Stadt zu bauen.

Aus dem ganzen Land kamen Baumeister, Architekten, Maler und Holzschnitzer, um sich an diesem Unternehmen zu beteiligen. Bald entstand eine wunderschöne Stadt, die sich stolz auf dem Land erhob, das einst eine Einöde war. Die Pândavas nannten sie Indraprastha. Sie füllte sich mit Menschen, Geschäfte wurden gegründet, die bald blühten, und Bauern bewirtschafteten erfolgreich das Land.

Yudhishthira wurde König von Indraprastha. Obwohl er keine Erfahrung hatte, regierte er gut. Er war ein umsichtiger Verwalter und achtete darauf, dass Recht und Gesetz eingehalten wurden. Er war ein gerechter Herrscher, der weder einen Verbrecher ungeschoren entkommen noch einen Unschuldigen strafen ließ. Er sorgte für den Wohlstand aller Untertanen. Seine Minister waren ehrlich und tüchtig und erfüllten ihre Aufgaben zu seiner Zufriedenheit.

Yudhishthira schickte seine Brüder aus, um sein Reich zu vergrößern und die Abgaben einzutreiben. Alle Besucher von Indraprastha waren begeistert und beschlossen, immer wiederzukehren. Staunend betrachteten die Leute die Sehenswürdigkeiten der Stadt.

27

Die Geburt von Jarâsandha

Yudhishthira begann darüber nachzudenken, ob er das Râjasûya-Opfer bringen sollte, um Kaiser (König der Könige) zu werden. Er wusste, dass ein anderer König Einspruch dagegen erheben und ihn, noch bevor er das Opfer dargebracht hatte, bekriegen konnte. Dann könnte der Sieger dieses Krieges den Kaisertitel für sich beanspruchen, während der besiegte König sein Königreich verlieren würde, auch das wusste Yudhishthira. Er redete mit Krishna darüber.

Krishna meinte, es gebe einen König, Jarâsandha, der

möglicherweise dagegen sei, dass Yudhishthira Kaiser würde. Jarâsandha war der mächtige, böse König von Magadha. Er hatte sechsundachtzig Prinzen gefangen genommen und keinen freigelassen.

Daraufhin wollte Yudhishthira wissen: «Wie können wir Jarâsandha besiegen?»

Krishna beugte sich vor und sagte: «Das ist die entscheidende Frage. Jarâsandha kann nicht in einer Schlacht besiegt werden. Er kann nur im Kampf von Mann zu Mann geschlagen werden.»

Bhîma und Arjuna, die es nach Taten dürstete, beschlossen, gegen Jarâsandha zu kämpfen. Aber Yudhishthira war sich nicht sicher: Wenn nun einer von beiden im Kampf sterben würde? Doch beide Brüder überredeten ihn, und schon bald waren sie als Brahmanen verkleidet auf dem Weg nach Magadha.

Unterwegs erzählte ihnen Krishna die folgende Geschichte von Jarâsandhas seltsamer Geburt: «Jarâsandhas Vater hatte Zwillingsschwestern als Ehefrauen. Er liebte beide gleichermaßen und sie erwiderten seine Liebe. Aber keine von beiden gebar ihm einen Sohn. Voller Sorge um einen Nachfolger für den Thron von Magadha suchte der König im Wald einen großen, heiligen Weisen auf, für den er viele Geschenke mitnahm.

Der Weise gab Jarâsandhas Vater eine Mango, die er seiner Frau geben sollte. Noch bevor der König einwenden konnte, dass er zwei Frauen habe, versank der Weise wieder in seine Meditation. Da hinterließ der König seine Geschenke im Ashram des Weisen und kehrte in die Stadt zurück. Er schnitt die Mango entzwei und gab seinen beiden Frauen je eine Hälfte. Nach entsprechender Zeit gebaren die Schwestern je einen halben

Sohn. Darüber gerieten sie in Streit und setzten die beiden Hälften in der Nähe eines Müllhaufens aus.

Kurz darauf roch Jarâ, eine Dämonin, das Fleisch und wollte es fressen. Doch sie sah, dass es ein Säugling war, der in zwei Hälften geteilt war. Sie hatte magische Kräfte und fügte die Hälften zusammen, und sofort fing der Säugling laut an zu schreien. Als der König und die Königinnen das hörten, kamen sie herausgestürzt. Die Dämonin segnete das Kind und übergab es den Königinnen. Sie nannten den Knaben Jarâsandha, nach Jarâ, die ihn zusammengefügt hatte.

Als Jarâsandha älter war, brachte ihn der König zum selben Weisen, der die Ursache seiner Geburt gewesen war. Der Weise segnete ihn und sagte: ‹Jarâsandha, du wirst der König der Könige sein.›

Jetzt hat Jarâsandha die Prophezeiung des Weisen erfüllt. Er ist gnadenlos und vergisst keine Beleidigung», schloss Krishna.

28

Der Zweikampf

So erreichten Yudhishthira, Krishna, Arjuna und Bhîma als Brahmanenpriester verkleidet die Hauptstadt von Jarâsandhas Reich. Jarâsandha veranstaltete ein großes Opferfest. Von nah und fern waren Priester gekommen, um den Vorgang zu beaufsichtigen. Die Tore der Stadt waren streng bewacht, weil Jarâsandha seltsame Träume gehabt hatte. Wahrsager und Astrologen hatten ihm vorausgesagt, dass unerfreuliche Tage mit schrecklichen Gefahren bevorstünden.

Dennoch passierten die Pândavas die Tore ohne

Yudishthira passiert die Tore

Schwierigkeiten. Als sie in der Stadt waren, mischten
sie sich unter die Brahmanen. Aber Jarâsandha fiel auf,
dass einige Brahmanen Blasen und Narben an ihren
Händen hatten. Beunruhigt behielt er diese Brahmanen
während der ganzen Zeremonie im Auge.

Schließlich entschied er, dass der Dunkle unter ihnen
Krishna sein musste, und er sagte: «Aha! Krishna, du
bist das.»

«Ja», antwortete Krishna, «und die drei älteren Pândavas sind bei mir.»

Daraufhin warf Yudhishthira seine Verkleidung ab
und die anderen folgten seinem Beispiel. Bhîma trat vor

66

und sagte: «Jarâsandha, König von Magadha, ich forde-
re dich zu einem Zweikampf heraus.»

Jarâsandha musste annehmen, denn er war König.

Er lachte laut: «Du glaubst, du kannst mich besiegen,
ha! Aber du irrst dich. In ein paar Sekunden wirst du
bei den anderen sechsundachtzig Prinzen sein, die ich
gefangen halte.»

Die Nachricht über den Zweikampf lief wie ein Lauf-
feuer durch die Stadt. Tausende drängten herbei, um
den Kampf zu sehen. Yudhishthira verlor den Mut, als
er hörte, wie viele ihren Freunden versicherten, dass
Jarâsandha auf jeden Fall gewinnen würde. Yudhishthira grübelte traurig darüber nach, welche Verantwor-
tung und Bürde Könige doch zu tragen hätten.

Einige Stunden später begann der Zweikampf. Für jeden war deutlich zu erkennen, dass Jarâsandha und
Bhîma gleichwertig waren. Der Kampf dauerte vierzehn Tage, und jeden Abend legten sich die Ringer zur
Ruhe, ohne dass nur das kleinste Anzeichen von Sieg
oder Niederlage zu erkennen gewesen wäre.

Am fünfzehnten Tag endlich warf Bhîma Jarâsandha
zu Boden, stellte seinen Fuß auf denjenigen Jarâsandhas und riss seinen Gegner auseinander. Aber die beiden Teile fügten sich sofort zusammen, und Jarâsandha stand wieder auf. Mehrere Male versuchte Bhîma
erneut vergeblich, Jarâsandha auseinder zu reißen und
zu töten. Jedes Mal stand Jarâsandha auf und war stärker als zuvor. Dann schaute Bhîma zufällig zu Krishna
hinüber.

Krishna zerbrach einen Zweig in zwei Teile und vertauschte die Hälften, bevor er sie wegwarf. Bhîma verstand die Botschaft. Er riss Jarâsandha noch einmal aus-

einander, vertauschte die beiden Körperhälften und warf sie weg. Dieses Mal bewegten sich die Teile nicht aufeinander zu, sondern voneinander weg. Nun war Jarâsandha tot.

Freudetrunken öffneten die Pândavas die Kerker und ließen Jarâsandhas Gefangene frei. Nach den Totenzeremonien für Jarâsandha setzten sie seinen Sohn auf den Thron, und der war bereit, Yudhishthira als Kaiser anzuerkennen.

29

Das Râjasûya-Opfer und Shishupâla

Der Tod von Jarâsandha hatte das letzte mögliche Hindernis zwischen Yudhishthira und der Kaiserkrönung beiseite geräumt. Kein anderer König im Land war mächtig genug, um sich Yudhishthira entgegenzustellen. Da Yudhishthira nicht nur König von Indraprastha, sondern auch von vielen anderen Reichen war, fühlte er sich stark genug, das Râjasûya-Opfer darzubringen und sich selbst zum Kaiser zu krönen.

Schon bald wurde mit den Vorbereitungen für das Opferfest begonnen. Jeder König und jeder Fürst erhielt eine Einladung, und alle kamen, auch Yudhishthiras Feinde Duryôdhana, Shakuni und Karna.

Der Tag des Opfers brach an. Dem Brauch zufolge hatte der gastgebende König einen der anwesenden Gäste zum erhabensten Ehrenplatz zu geleiten. Obwohl die Pândavas wussten, dass Krishna kein König war, führten sie ihn zu diesem Platz. Denn in ihren Augen war

Krishna weise und edel, und sie fanden, nur ihm gebühre der erhabenste Platz. Aber das sahen nicht alle so. Von den Gästen, die dort saßen, kam Widerspruch, erst leise, bis Shishupâla, der gerade erst zum König von Chîdi gekrönt worden und Krishnas Vetter war, aufstand und Krishna und die Pândavas mit Beleidigungen überschüttete. Shishupâla hasste Krishna, so wie Duryôdhana die Pândavas hasste.

Bhîshma erhob sich und erinnerte die Versammlung an Shishupâlas Geburt. Er sagte: «Shishupâla kam mit vier Armen und drei Augen auf diese Welt. Im Moment seiner Geburt erklang eine Stimme: ‹Derjenige, der ihn von seiner Missbildung heilt, wird auch sein Mörder sein.› Auf der Suche nach jemandem, der ihr Kind heilen könnte, reisten Shishupâlas Eltern mit ihrem Kind durch das ganze Land. Eines Tages nahm Krishna den Säugling auf, und das Kind war geheilt. Shishupâlas Mutter war zunächst voller Freude. Dann erinnerte sie sich an die Prophezeiung und flehte Krishna an: ‹Auch wenn er dir hundertmal unrecht tut, bitte vergib ihm.› Krishna versprach ihr das, sagte aber, dass er Shishupâla beim hundertsten Unrecht töten werde.»

Diese Geschichte brachte Shishupâla nur noch mehr in Rage, und er beschimpfte und beleidigte Krishna. Krishna zählte leise. Bei der hundertsten Beleidigung zog er seinen Kampfdiskus hervor, schleuderte ihn auf Shishupâla und tötete ihn. Sofort herrschte Stille. Shishupâlas Freunde kochten vor Zorn auf Krishna, obwohl sie wussten, dass der starrköpfige König an seinem Unglück selber schuld war.

Das Totenritual wurde sofort durchgeführt und das Opferfest ging weiter.

Yudhishthira wurde Kaiser. Dann brachen die Gäste

auf, einer nach dem anderen, nur Duryôdhana blieb auf Einladung seines Vetters.

Yudhishthira fühlte sich traurig und unglücklich.

Für ihn war der Tag, den sie schon seit Monaten geplant hatten, durch Shishupâlas Tod verdorben. Aber Shishupâla hatte seinen Tod selber verursacht, und es war nichts zu machen gewesen, denn am Schicksal kann keiner etwas ändern.

Der Kampfdiskus

30

Duryôdhanas Aufenthalt in Indraprastha

Wie ich bereits erzählt habe, blieb Duryôdhana auf Einladung seines Vetters auch noch nach dem Râjasûya-Opfer in Indraprastha. Er wurde gut behandelt, wie es einem königlichen Gast zustand. Jeden Tag wurde er zu den herrlichen Sehenswürdigkeiten geführt, für die Indraprastha berühmt war. Er sah all die zauberhaften Paläste aus Marmor, wo die blanken Fußböden funkelten und die Wände mit glitzernden Edelsteinen besetzt waren. Er sah die Tributzahlungen, die Yudhishthira erhielt – Gold, Silber, kostbare Steine, wertvolle Felle, Elfenbein, Seide, Musselin, Teppiche, bestickte Tücher, Emailgefäße, Pferde, Kamele und Elefanten. Er sah, wie ergeben Yudhishthiras Untertanen waren und wie viele Sklaven er hatte. All dies sah Duryôdhana, und es nährte seinen Neid und seine Eifersucht immer mehr.

Eines Tages beschloss er, den ganzen Palast zu erkunden. Er kam zu einem Gang, vor dem ein Wasserbecken war. Duryôdhana nahm den Saum seines Gewandes hoch, damit es nicht nass würde. Dann trat er in das Becken, stellte aber gleich fest, dass das, was wie Wasser glänzte, nur der blank polierte Fußboden war. Duryôdhana schaute sich schnell um und hoffte, dass niemand seine Dummheit bemerkt hatte. Doch an der Tür entdeckte er Nakula. Nakula erklärte ihm freundlich, dass dort kein Wasserbecken sei, nur ein gut geputzter Fußboden. Obwohl Nakula höflich sprach, hatte Duryôdhana das Gefühl, in seinen Augen ein feines Lächeln aufblitzen zu sehen.

Ein anderes Mal spazierte Duryôdhana einen Gang entlang und schlug mit dem Kopf an etwas an, das er nicht gesehen hatte. Bhîma kam gerade vorbei und erklärte Duryôdhana, dass er sich an einer Glastür angeschlagen habe. Er machte Duryôdhana die Tür auf und kümmerte sich dann wieder um seine eigenen Angelegenheiten.

Bhîma hatte zwar ein ernstes Gesicht gemacht, und dennoch hatte Duryôdhana das Gefühl, auch Bhîma mache sich heimlich über ihn lustig.

Nach diesem Vorfall schlenderte Duryôdhana zu einem anderen Teil des Palastes. Dort gab es eine wunderschöne aus Holz geschnitzte Wand und Säulen, die mit Edelsteinen bestückt waren. Duryôdhana betrachtete die Schnitzarbeiten und die Säulen und plötzlich tappte er versehentlich in ein Wasserbecken. Er wurde vollkommen nass. Dabei spürte er, dass jemand diese Posse beobachtet hatte, und blickte sich um. An einem Fenster sah er Draupadî mit ihren Hofdamen. Als sie merkten, dass er sie entdeckt hatte, rannten sie lachend in ihre Gemächer. Das Gelächter hallte wie ein Echo in Duryôdhanas Kopf nach. Er schwor, dass sie dafür ihre gerechte Strafe erhalten sollten und dass er sich keine Ruhe gönnen würde, bis das vollbracht wäre.

Schließlich wurde sein Zorn so groß, dass er Indraprastha verließ und nach Hastinâpura zurückkehrte.

31

Die Einladung

Nach seinem Aufenthalt bei den Pândavas war Duryôdhana nach Hastinâpura zurückgekehrt. Er wollte die Pândavas demütigen, so wie sie ihn gedemütigt hatten, als er in Indraprastha war. Verzweifelt sann er darüber nach, wie er sie überlisten könnte. Er wusste, wie klug sie waren. Sie könnten leicht herausfinden, was er vorhatte. Tagelang brütete er missmutig in seinen Gemächern. Nachdem Duryôdhanas Onkel Shakuni dies eine Weile mit angesehen hatte, wurde ihm klar, dass er als Onkel seinem Neffen helfen musste, zumal er dessen Hass auf die Pândavas teilte.

Auch er erwog zahllose Pläne. Plötzlich hatte er eine Idee. Er eilte zu dem Ort, wo er seine wertvollsten Dinge aufbewahrte. Aus einer emaillierten Dose holte er wunderschön geschnitzte Würfel. Vorsichtig versteckte er die kleinen Kunstwerke in seiner Kleidung und klopfte an die Tür von Duryôdhanas Gemächern.

«Herein», sagte eine gereizte Stimme.

Shakuni trat ein. Er konnte den Jammer förmlich spüren, der den Raum ausfüllte.

«Was willst du?», fragte Duryôdhana ungehalten.

«Ich dachte, du schmiedest einen Plan gegen die Pândavas», sagte Shakuni.

«Das habe ich getan, aber es hat keinen Sinn», erwiderte Duryôdhana lustlos. «Ich habe es versucht, aber die sind zu schlau. Wenn der Gott da oben diese vermaledeiten Pândavas nur ein kleines bisschen dümmer geschaffen hätte.»

«Aber, aber, Duryôdhana! Du weißt, dass es sich nicht gehört, Gottes Geschöpfe zu beleidigen», scherzte Shakuni.

«Was soll ich denn machen?», fragte Duryôdhana den Tränen nahe.

Mit nüchterner Stimme sagte Shakuni: «Das!», und ließ die Würfel vor Duryôdhana auf den Tisch rollen.

«Du ... du meinst, ich soll spielen? Ja, das ist eine gute Idee!», rief Duryôdhana, der wieder Hoffnung schöpfte. «Aber ich kann nicht spielen», fügte er sogleich mutlos hinzu und schaute auf die schönen Fliesen hinunter, mit denen der Fußboden ausgelegt war.

«Nicht du. Ich spiele. Wir werden die Pândavas vom Angesicht der Erde tilgen», erklärte ihm Shakuni.

Bei dieser Vorstellung verzog Duryôdhana schadenfroh das Gesicht. Vor Jahren hatte Duryôdhana Shakuni und dessen neunundneunzig Brüder (wie Duryôdhana hatte auch Shakuni 99 Brüder) ins Gefängnis werfen lassen. Jeden Tag bekamen sie Essen, das gerade für eine Person ausreichte. Wie ein Rudel Wölfe stürzten sich alle Gefangenen auf die Mahlzeit. Einigen klugen Brüdern wurde klar, dass mit der Portion, die sie bekamen, nur ein Mensch überleben konnte.

Also zogen sie Lose, und es war Shakuni, der überleben sollte. Seine sterbenden Brüder baten ihn, ihren Tod zu rächen. Das versprach er auch, und als alle ge-

Shakuni im Gefängnis

storben waren, schnitzte er aus ihren Knochen wunderschöne Würfel. Aller Zorn und Hass, den die Brüder auf Duryôdhana hatten, wurde auf die Würfel übertragen. Diese einzigartigen Würfel würden alle Gegner gnadenlos schlagen.

Aber am Ende nutzte der hinterlistige Shakuni die Würfel nicht wie vorgesehen: Statt Duryôdhana zu besiegen, plante er nun zu helfen, die Feinde von Duryôdhana zu schlagen. Schlau wandte sich Duryôdhana an seinen Vater und bat ihn, die Pândavas zu einem Würfelspiel einzuladen. Dhritarâshtra zögerte, er wusste, dass seine Zustimmung Unglück bringen würde. Aber Duryôdhana bestürmte seinen Vater so sehr, dass Dhritarâshtra der Bitte seines Sohnes nachgab.

Hocherfreut ging Duryôdhana davon, um den Bau eines prächtigen Palastes in Auftrag zu geben, wo das verhängnisvolle Spiel stattfinden sollte. Tausend starken Männern wurde befohlen, das Versammlungshaus zu bauen, und nach nur einem Monat war das Gebäude fertig.

Inzwischen war Vidura durch sein gut organisiertes Netz von Spähern hinter Duryôdhanas Pläne gekommen, und er reiste nach Indraprastha, um die Pândavas zu informieren. Er sagte voraus, Yudhishthira würde zu einem Würfelspiel eingeladen werden.

In letzter Zeit hatte Yudhishthira eine Leidenschaft für dieses Spiel entwickelt. Als die Einladung kam, nahm er sie an, obwohl seine Brüder ihn mahnten, dass er beim Râjasûya-Opfer geschworen hatte, die Würfel nicht mehr anzurühren. Yudhishthira missfiel die Furcht der Brüder. Er erinnerte sie daran, dass sie sich Duryôdhana gegenüber nicht unhöflich erweisen durften, und zudem war er so überzeugt, dass er gewinnen würde, dass seine Brüder ihm schließlich – wenn auch widerstrebend – ihr Einverständnis gaben.

Der Würfel

32

Das große Glücksspiel

Als Bhîshma, Drôna und die anderen Ältesten von Duryôdhanas Absichten hörten, erhoben sie starke Einwände. Aber Dhritarâshtras Zuneigung zu seinem Sohn war stärker als sein Gewissen, und so brachte er es irgendwie fertig, die Einwände beiseite zu schieben.

Der Zeitpunkt für das verwünschte Würfelspiel kam heran. Shakuni und Duryôdhana wirbelten eifrig um-

Das Spiel

her und sorgten dafür, dass alles bis in die kleinsten Einzelheiten für Yudhishthiras Niederlage vorbereitet wurde.

Die Pândavas reisten an. Verzweifelt hatten die Brüder ein letztes Mal auf Yudhishthira eingeredet. Aber er blieb eisern.

Das Spiel begann. Als Duryôdhana verkündete, dass Shakuni an seiner Stelle spielen würde, bekam Yudhishthira einen Schreck. Er wusste, dass Shakuni ein gemeiner Schwindler und mit allen Wassern gewaschen war.

Yudhishthira wollte die Herausforderung schon ablehnen, da flüsterte ihm Shakuni verächtlich zu: «Du willst nicht spielen?»

Die Wirkung von Shakunis Worten auf Yudhishthira war so groß, dass er sich gezwungen sah zu spielen und eine Kette aus seltenen Perlen zu setzen, die er um den

Hals trug. Shakuni holte seine kostbaren Würfel hervor. Yudhishthira spielte und verlor. Jetzt besaß Shakuni die Halskette. Duryôdhanas Augen glitzerten vor Bosheit. Yudhishthira setzte sein Silber, sein Gold, seine Juwelen und verlor. Nach und nach setzte er alles, sogar sein Königreich. Schließlich war nichts mehr übrig. Die meisten der Ältesten und die anderen Pândavas versuchten, Yudhishthira zur Vernunft zu bringen. Sogar Duryôdhana hörte sich leise die Stimme erheben, um Yudhishthira aufzuhalten. Aber für Yudhishthira gab es kein Zurück. Er setzte seine Brüder, einen nach dem anderen, sicher, dass er gewinnen könne und dass er auch alles andere, was er verloren hatte, zurückgewinnen würde. Aber er verlor. Alle waren starr vor Staunen. So ein Spiel hatten sie im Leben noch nicht gesehen.

Schließlich setzte Yudhishthira sich selbst und verlor. Er unterwarf sich Duryôdhana. «Ich habe alles gesetzt und verloren. Wir sind jetzt deine Sklaven.»

«Alles?», flüsterte Shakuni. «Was ist mit Draupadî?»

Alle waren entsetzt! Seine Brüder rieten Yudhishthira ab. Aber seine Leidenschaft für die Würfel war noch nicht vergangen. Er setzte Draupadî, sicher, dass er gewinnen würde. Aber nein. Er verlor.

Duryôdhana hatte inzwischen ganz und gar den Kopf verloren. Die Pândavas und ihre stolze Frau waren jetzt seine Sklaven. Er erinnerte sich daran, wie Draupadî ihn ausgelacht hatte, und beschloss, sie zu bestrafen.

«Bringt Draupadî zu mir», brüllte er.

Sein Wagenlenker sprang aus dem Saal und rannte zum Haus der Pândavas, wo er Draupadî erklärte, sie sei im Würfelspiel gesetzt und verspielt worden, und Duryôdhana habe sie zum Palast gerufen.

«Sag deinem Herrn, dass ich nicht komme», sagte sie.

Der Wagenlenker überbrachte pflichtschuldig die Botschaft.

«Was, sie will nicht kommen!» Duryôdhanas Stimme donnerte. «Duhshâsana, hole sie mit Gewalt.»

Die große Gestalt des Duhshâsana stolzierte aus dem Saal. Duhshâsana befahl Draupadî, aus ihrem Gemach herauszukommen und Duryôdhanas Anordnung zu befolgen. Als sie das nicht tat, öffnete Duhshâsana gewaltsam die Tür, packte Draupadî an den Haaren und brachte sie so zu Duryôdhana.

Draupadîs Augen glühten vor Zorn, ihre Stimme durchschnitt die Stille im Raum: «Yudhishthira hatte kein Recht, mich zu setzen, nachdem er sich selbst gesetzt und verspielt hatte. Seht doch, hier ist Unrecht geschehen.»

Ihre Stimme fiel auf taube Ohren, so schien es zumindest. Die Ältesten beugten beschämt ihre Köpfe, und die Pândavas blickten sich hilflos um.

Duryôdhana klatschte sich auf die Schenkel und lachte boshaft: «Draupadî, du wirst das anders sehen, nachdem du meine Gemächer ausgefegt hast!»

Bhîma ballte die Fäuste und schrie: «Ich werde dir die Schenkel brechen und dich töten!»

Das brachte Duryôdhana nur noch mehr in Rage. Er befahl Duhshâsana, Draupadî zu entkleiden. Das Publikum hielt den Atem an. Selbst einige von Duryôdhanas jüngeren Brüdern machten ihm Vorhaltungen. Aber Duryôdhana kümmerte sich nicht um ihre Worte. Er hatte allen Verstand verloren und war gnadenlos.

Bhîma schwor, dass er Duhshâsana, diesem grausamen Geschöpf, eines Tages die Brust aufreißen und sein Blut trinken werde.

«Ich werde mein Haar erst dann wieder aufbinden, wenn ich es in Duhshâsanas Blut gewaschen habe», schrie Draupadî zornig.

Duhshâsana ging auf Draupadî zu und begann, ihr den *Sari* herunterzureißen. Draupadî erinnerte sich an Krishnas Versprechen, zu ihrer Rettung zu kommen, wann immer sie in Not sei. Sie konzentrierte all ihre Gedanken auf ihn. Als ihr Sari heruntergezogen war, erschien ein weiterer Sari und dann wieder einer und wieder einer und so weiter. Bald lag ein riesiger Haufen Saris auf dem Fußboden. Alle Umstehenden waren fassungslos. Duhshâsana stolperte, fiel und verheddderte sich in den Saris. Draupadî öffnete die Augen und der Haufen Saris verschwand. Zurück blieb nur ein müde aussehender Duhshâsana.

33

Die Verbannung

Plötzlich zerrissen Schreie von Schakalen und Hyänen die Luft, was großes Unheil bedeutete. Duryôdhana ging hinaus, um zu sehen, was los war. Als er fort war, gewährte der blinde Dhritarâshtra Draupadî zwei Wünsche. Wenn er das nicht täte, befürchtete er, würde seine Familie von großem Unheil befallen werden. Draupadî bat als Erstes um die Freilassung von Yudhishthira und dann um die der übrigen Pândavas. Dhritarâshtra gab ihr auch Indraprastha dazu, in der Hoffnung, die Pândavas nie wieder zu sehen. Die Pândavas machten sich auf den Weg. Als Duryôdhana zurückkehrte und erfuhr, was geschehen war, raste er los, um die Pândavas aufzuhalten.

Außer Atem vom Laufen keuchte er: «Lasst uns noch eine Runde würfeln. Wer immer diese Runde verliert, soll dreizehn Jahre lang in der Verbannung verbringen und zwölf Jahre davon wie ein Asket im Wald leben. Im dreizehnten Jahr soll er sich verkleiden. Wenn der Verlierer im dreizehnten Jahr entdeckt wird, muss er noch einmal zwölf Jahre lang im Wald verbringen.»

Jeder hätte gedacht, dass Yudhishthira inzwischen gelernt hätte, das Spielen zu lassen. Aber nein, so war es nicht. Yudhishthira gefiel nicht, dass es Draupadî war, die ihnen die Freiheit geschenkt hatte. Er wollte seinen Brüdern beweisen, dass er gewinnen konnte. Seine Brüder versuchten vergeblich, ihn aufzuhalten. Yudhishthira kehrte nach Hastinâpura zurück, um eine letzte Runde zu spielen.

Die Pândavas schauten mit bedrücktem Schweigen zu. Yudhishthira, der sicher war, dass er diesmal gewinnen würde, warf die Würfel – und verlor.

Nun mussten die Pândavas und Draupadî in die Verbannung!

TEIL 2

1

Die Abreise der Pândavas

Draupadî

Die Nachricht von der Verbannung der Pândavas verbreitete sich schnell. König Draupada kam in Begleitung seines Sohnes Dhrishtadyumna nach Hastinâpura, um sich von ihnen und von Draupadî zu verabschieden.

Auch Krishna eilte, so schnell er konnte, aus Dvârkâ herbei. Als Dhrishtadyumna hörte, was Draupadî widerfahren war, blitzten seine Augen vor Zorn und er versprach ihr: «Ich werde die Beleidigung rächen, die dir angetan wurde, selbst wenn ich dabei sterben sollte.» Krishna versprach den Pândavas, er wolle dafür sorgen, dass jeder einzelne dieser Kauravas vom Antlitz der Erde getilgt werde.

Draupada und Dhrishtadyumna brachen bald auf und nahmen die kleinen Söhne von Draupadî mit. Krishna verabschiedete sich zärtlich von den Pândavas und kehrte nach Dvârkâ zurück. Seine Schwester Subhadrâ, die Arjuna geheiratet hatte, und ihr Sohn Abhimanyu begleiteten ihn.

Nachdem sich die Pândavas von ihrer Mutter Kuntî, von Bhîshma und Vidura verabschiedet hatten, reisten sie zum Kâmyaka-Wald. Sie hatten gehört, dass es ein ruhiger, friedlicher Ort sei, wo nur einige Weise vereinzelt lebten.

Es war ein trauriger Anblick, als sie aufbrachen. Ihre prachtvollen Brokatgewänder hatten sie mit rauem, aus

Bast verfertigtem Tuch vertauscht. Yudhishthira ging voran, die Augen mit einem Stück Stoff bedeckt, denn seine Blicke hätten Hastinâpura zu Asche niederbrennen können. Ihm folgte Bhîma, der seine mächtigen Fäuste ballte und überlegte, warum er sie nicht eingesetzt hatte, als Draupadî erniedrigt worden war. Dritter in der Reihe war Arjuna, der mit jedem Schritt Staub aufwirbelte, als würde er jetzt schon Pfeile versenden in dem unvermeidlichen Krieg, der vor ihnen lag. Die Zwillinge gingen nebeneinander, starr geradeaus blickend. Ihre Gesichter wiesen nicht das leiseste Anzeichen der Gefühle auf, die in ihnen tobten.

Draupadî bildete den Schluss, sie ging mit gebeugtem Kopf, Tränen strömten aus ihren Augen und ihr schwarzes, zerzaustes Haar wehte hinter ihr her. Die Bürger von Hastinâpura folgten den Pândavas bis zum Ganges und kehrten dann schweren Herzens nach Hause zurück. Einige Brahmanen begleiteten sie in die Verbannung.

2

Der Wald von Kâmyaka

Die Pândavas wollten so schnell wie möglich zum Wald von Kâmyaka gelangen. In kurzer Zeit hatten sie den Ganges überquert und verbrachten die Nacht in Pramânavata. Bald schon wurde das Essen zum Problem. Sie selber konnten durchaus von dem leben, was sie im Wald fanden, aber die Brahmanen, die sie begleiteten, waren beim Essen sehr wählerisch. Die Pândavas und Draupadî gerieten dadurch in eine schwierige Lage.

Dhaumya, der Priester der Pândavas, riet Yudhishthira, er solle zum Sonnengott Sûrya beten. Yudhishthira befolgte diesen Rat und brachte Sûrya Gebete dar. Diese Hingabe Yudhishthiras erfreute Sûrya und er erwies ihm großzügig eine Gunst. Er versprach, die Pândavas in den nächsten zwölf Jahren mit Essen zu versorgen. Er gab Yudhishthira einen Kupferkessel und sagte: «Was auch immer Draupadî aus diesem Kessel anrichtet, wird in unendlicher Menge zur Verfügung stehen. Doch sobald Draupadî gegessen hat, wird der Kessel bis zur nächsten Mahlzeit keine Speise mehr hergeben.»

Der verzauberte Kupferkessel half Yudhishthira, das Problem mit dem Essen zu lösen.

In den nächsten Tagen überquerten die Pândavas mehrere Flüsse und erreichten das Ufer des Sarasvatî. Sie waren im Wald von Kâmyaka angelangt.

3

Maitrêyas Fluch

Ein Weiser namens Maitrêya hatte das Elend der Pândavas im Kâmyaka-Wald gesehen. Voller Entrüstung eilte er nach Hastinâpura zu Dhritarâshtra. Am Hof von Hastinâpura machte er Drôna und Bhîshma Vorwürfe, dass sie Shakuni erlaubt hatten, Yudhishthira beim Würfelspiel zu betrügen. Maitrêya sprach vom Unrecht, das den Söhnen Pândus, den rechtmäßigen Erben des Thrones, widerfahren sei.

Schließlich verlangte er Duryôdhana zu sehen. Dhritarâshtra zögerte, dann aber schickte er nach ihm. Maitrêya forderte Duryôdhana auf, die Pândavas nach

Hastinâpura zurückzuholen und Yudhishthira zum König zu krönen. Dann beschrieb er die jüngste Heldentat Bhîmas: Er hatte Kirmîra erschlagen, einen sehr gefürchteten Dämon. Kirmîra war ein Freund des toten Hidimbas gewesen und hatte sich an Bhîma rächen wollen. Doch Bhîma hatte Kirmîra nach einem harten Kampf getötet.

Duryôdhana zeigte kein Interesse an Maitrêyas guten Ratschlägen. Diese Haltung missfiel Maitrêya, und er verfluchte den hochfahrenden Prinzen: «Bhîma wird seinen Schwur wahr machen. Er wird dir die Beine brechen und dich töten. Aber vorher wirst du noch erleben, wie dir dein Königreich aus den Händen gleitet.»

Bhîshma, Drôna und Dhritarâshtra versuchten Maitrêya zu überreden, diesen Fluch zurückzunehmen. Aber Maitrêya weigerte sich und sagte: «Wenn Duryôdhana meinem Rat folgt, dann will ich meinen Fluch widerrufen.»

Aber natürlich befolgte Duryôdhana Maitrêyas Worte nicht.

4

Duryôdhanas Demütigung

Duryôdhana wollte gerne wissen, wie die Pândavas in Kâmyaka lebten. Er suchte einen Vorwand, um dorthin zu reisen und dann die Pândavas zu verspotten und zu beschämen. Eines bestimmten Tages erreichte Duryôdhana mit seinem ganzen Hofstaat, allen Sklaven, Frauen, Brüdern, Freunden und Anhängern, den Wald von Kâmyaka.

Doch Chitrasêna, ein Gandharva, der ein Freund der Pândavas war, hinderte sie daran, in den Wald zu tre-

Chitrasêna

ten. Duryôdhana wurde gefangen genommen. Einer seiner Sklaven entkam Chitrasênas Kriegern und schlug sich zu den Pândavas durch, um ihnen von Duryôdhanas Gefangennahme zu berichten. Yudhishthira, ehrlich und anständig wie immer, befahl Chitrasêna, Duryôdhana freizulassen. Überrascht wollte Chitrasêna wissen, warum. Yudhishthira antwortete: «Auch wenn die Kauravas uns Unrecht getan haben, so sind wir unseren Vettern dennoch nicht übel gesonnen.»

Mit dieser Antwort war Chitrasêna zufrieden und entließ den äußerst beschämten Duryôdhana. Gedemütigt kehrte er nach Hastinâpura zurück. Die gute Tat der Pândavas aber schürte nur Duryôdhanas Neid. Statt dankbar zu sein, schwor er, sich für diese Beleidigung zu rächen.

5

Arjunas Entscheidung

Da der Kâmyaka-Wald für die Bewohner von Hasti-nâpura offenbar leicht zugänglich war, beschlossen die Pândavas, weiter in den Wald Dvaitavana zu ziehen.

Erschöpft erreichten sie Dvaitavana nach einigen Tagen. Es war ein schöner, friedlicher Wald, der nur von einigen Weisen bewohnt war. Yudhishthira verbrachte die meiste Zeit mit Meditieren. Für ihn war das Leben im Wald die Erfüllung seiner Träume, während die anderen es eher langweilig fanden. Obwohl sie von den Einsiedlern gut behandelt wurden, waren sie unglücklich. Sie wollten sich an Duryôdhana rächen und glaubten, sie könnten keinen Frieden finden, wenn sie ihren Zorn nicht loswurden.

Arjuna dachte, ein Krieg wäre unvermeidlich, und beschloss daher, zum Indrakîla zu reisen, einem gewaltigen Berg, der ein idealer Ort für asketische Übungen war. Dort wollte Arjuna meditieren. Er wollte die starke Pâshupata-Waffe, die göttliche Waffe Shivas, erringen. Er teilte den anderen seine Entscheidung mit und sie hießen sie gut. Also verabschiedete sich Arjuna und brach auf.

6

Shiva und Arjuna

Nur wenige Tage später erreichte Arjuna den Gipfel des großen Berges. Dort fand er es heiterer und schöner als im Dvaitavana-Wald. Er baute aus Lehm einen Shiva-Schrein, vor dem er betete. Außerdem fastete er. Er aß nichts als Beeren und Blätter, die von den Bäumen fielen, und trank das kalte Wasser aus dem Bach, der ganz in der Nähe vorbeifloss.

Nach vielen Monaten des Fastens und Betens wurde Arjunas Askese von einem wilden Eber unterbrochen, der ihn angriff. Vor Wut über die Störung schoss Arjuna einen Pfeil auf den Eber. Kaum hatte er die Sehne losgelassen, bemerkte er, dass zu gleicher Zeit ein anderer Pfeil, nicht sein eigener, in den Körper des Ebers gedrungen war.

Arjuna wandte sich um und sah einen lächelnden Jäger und dessen Frau, die ihn baten, seinen Pfeil herauszuziehen. Der Jäger erklärte, er habe den Eber schon viel länger verfolgt.

Arjuna weigerte sich jedoch, worauf ihn der Jäger zum Zweikampf herausforderte. Arjuna dachte, es wäre nur eine Frage der Zeit, bis er den Jäger besiegt hätte, und stimmte zu. Aber er wurde eines Besseren belehrt. Innerhalb von ein paar Minuten hatte der Jäger ihn in der Gewalt. Aber Arjuna kämpfte weiter, er wollte nicht aufgeben. Er betete zu Shiva, aber dieser schien ihm nicht helfen zu wollen.

Verzweifelt warf Arjuna einen hastig geflochtenen Blumenkranz um den Schrein und wandte sich wieder mit neuen Kräften dem Gegner zu. Aber was war geschehen! Der Blumenkranz, den Arjuna um den Schrein geworfen hatte, hing plötzlich um den Hals des Jägers.

Nun hatte Arjuna begriffen, dass der Jäger niemand anderer war als Shiva selbst, und er bat ihn um Vergebung. Shiva lächelte und sagte: «Arjuna, deine Askese hat mich zufrieden gestellt. Ich wollte dich prüfen, ob du der Pâshupata-Waffe wirklich gewachsen bist. Du hast bewiesen, dass du dich dazu eignest, sie zu besitzen. Ich gewähre dir also meine heilige Waffe, die Furcht erregende Pâshupata.»

Kaum war Shiva verschwunden, erschienen noch weitere Götter und schenkten Arjuna ihre verschiedenen göttlichen Waffen. Danach begab sich Arjuna nach Indralôka, dem Wohnsitz seines Vaters Indra. Dort verbrachte er fünf Jahre.

In dieser Zeit geschah, dass ihn die himmlische Nymphe Urvashî verfluchte und dazu verdammte, ein Jahr lang als Eunuch zu leben. Darüber war Arjuna aber nicht unglücklich, denn in diesem Zustand konnte er das dreizehnte Jahr unentdeckt verbringen. Sein Gandharvafreund Chitrasêna lehrte ihn tanzen, damit Arjuna die Rolle als Eunuch vollkommen beherrschte. Schließlich kehrte er zu den Pândavas zurück, die auf ihn warteten.

7

Der todbringende Teich

An einem ungewöhnlich heißen Tag baten die durstigen Pândavas Sahadêva, eine Wasserstelle zu suchen und sie dann zu benachrichtigen. Sahadêva war schon eine Weile unterwegs, als er auf einen Teich stieß. Er wollte gerade einen großen Schluck Wasser trinken, da herrschte ihn aus dem Nichts heraus eine Stimme an: «Bevor du trinkst, beantworte meine Fragen, denn der Teich gehört mir und tut nur, was ich ihm sage.» Sahadêva hielt inne, um zu sehen, woher die Stimme kam. Da er aber niemanden sah, trank er von dem kühlen, erfrischenden Wasser. Kaum hatte er das Wasser geschluckt, brach er am Ufer ohnmächtig zusammen.

Die Pândavas warteten auf Sahadêvas Rückkehr und als er nicht kam, schickten sie Nakula aus, ihn zu suchen. Nakula fand den Teich. Aber auch er hörte nicht auf die Stimme des unsichtbaren Wesens und verlor die Besinnung.

Nun schickte Yudhishthira Arjuna und schließlich Bhîma. Beide ereilte das gleiche Schicksal. Endlich brach Yudhishthira selber auf, um seine Brüder zu suchen. Auch er gelangte zu dem Teich. Wie er dort seine besinnungslosen Brüder sah, weinte er. Nun wollte er vom Wasser des Teichs trinken, als sich wieder die Stimme erhob.

«Bevor du trinkst, beantworte meine Fragen, denn der Teich gehört mir und tut nur, was ich ihm sage. Wenn du mir nicht gehorchst, widerfährt dir dasselbe wie deinen Brüdern.» Im Gegensatz zu seinen Brüdern fragte Yudhishthira: «Wie lauten denn deine Fragen, o unsichtbares Wesen?»

Die geheimnisvolle Stimme stellte Yudhishthira hundert Fragen, die er alle richtig beantwortete. Die Stimme war mit Yudhishthiras Antworten zufrieden und fragte: «Welchen deiner Brüder wünschest du wieder lebendig?»

Yudhishthira dachte lange nach, dann sagte er: «Meinen Bruder Nakula.» Daraufhin wollte die Stimme wissen: «Warum?» Yudhishthira gab zur Antwort: «Von Kuntîs Kindern lebe zumindest ich noch, und es wäre nur gerecht, wenn auch Mâdrîs Geschlecht fortlebte.»

Das unsichtbare Wesen gab Yudhishthira nicht nur Nakula, sondern alle vier Brüder zurück. Dann wurde der Teich in ein blendendes Licht gehüllt und aus einem schillernden Wagen trat ein gottähnliches Wesen: «Yudhishthira, ich bin Yama, dein Vater! Ich habe dich einer Prüfung unterzogen, mein Sohn, und ich sehe, dass du durch und durch rechtschaffen bist. Ja, ich war die Stimme, und ich bin gekommen, um dir zu raten, nach Matsya zu gehen, wo der gute und weise König Virâta lebt. Dort wirst du unentdeckt bleiben, bis die Zeit der Verbannung vorüber ist.»

Yama verschwand, und die Pândavas blieben erstaunt zurück.

8

Vorbereitungen für die Zeit
im Verborgenen

Bevor die Pândavas nach Matsya aufbrachen, wählten sie sich ihre verschiedenen Verkleidungen aus. Yudhishthira entschied sich, als Brahmane, der schon bessere Zeiten gesehen hatte, zu gehen und nannte sich Kanka. Bhîma, der hervorragende Mahlzeiten zubereiten konnte, verkleidete sich als Koch. Er nannte sich Vallabha.

Arjuna nutzte Urvashîs Fluch und ging als Eunuch, der das Tanzen beherrschte. Die Narben, die er sich vom ständigen Umgang mit Waffen zugezogen hatte, versteckte er unter Muschelarmbändern. Er wollte sich Brihannalâ nennen.

Nakula sagte, er wolle ein Pferdebursche in Virâtas Marstall sein und sein Name solle Dâmagranthi sein. Sahadêva wollte ein Kuhhirte sein und für Virâtas Kühe sorgen. Er wollte sich Tantripâla nennen. Draupadî gab

Bhîma als Vallabha

sich den Namen Sairandhrî. Sie wollte die Friseuse der Königin Sudêshnâ werden und behaupten, fünf Gandharvas als Gatten zu haben. Nun legten die Pândavas entsprechende Kostüme an und zogen nach Matsya.

Als sie an die Grenze von König Virâtas Reich gelangten, banden sie ihre Waffen in ein Kuhfell und hängten das Bündel in einen Baum. So waren ihre Waffen in Sicherheit, denn vorübergehende Leute würden das Bündel für eine Leiche halten und es aus Angst vor Verseuchung nicht anrühren.

Um nicht aufzufallen, betraten die Pândavas die Stadt Matsya an verschiedenen Tagen.

9

Kîchaka

Der wirkliche Herrscher von Matsya, die Macht hinter dem Thron, war Kîchaka, der Bruder von Königin Sudêshnâ und König Virâtas Oberbefehlshaber.

Kaum sah er Draupadî, verliebte er sich hoffnungslos in sie. Er war so sehr in ihre Schönheit vernarrt, dass er seine Schwester Sudêshnâ bat, ihm diese Sairandhrî als Sklavin zu überlassen. Sudêshnâ wusste aber, dass ihre Zofe mit fünf Gandharvas verheiratet war.

Aus Sorge um ihren Bruder wies Sudêshnâ sein Ansinnen zurück. Aber Kîchakas Begehren verging nicht, und er wurde blass und krank. Schließlich gab ihm Sudêshnâ doch nach. Sie trug Draupadî auf, Kîchaka einen goldenen Kelch mit köstlichem, funkelndem Wein in seine Gemächer zu bringen. Draupadî flehte die Königin an, jemand anderes zu schicken, aber Sudêshnâ ließ sich nicht erweichen.

Nur widerstrebend brachte Draupadî den Kelch mit Wein zu Kîchakas Gemächern. Kîchaka, der von Sudêshnâs Plan unterrichtet war, hatte sich parfümiert und schöne Kleider angelegt. Bestimmt hätten ihm viele Frauen nur schwerlich widerstehen können, aber bei Draupadî war das nicht so. Kaum hatte sie begriffen, was Kîchaka vorhatte, stellte sie den reich verzierten Kelch hastig auf den Tisch und lief davon. Der Kelch schwankte hin und her, sodass der funkelnde Wein überschwappte.

Eilig raffte Kîchaka seine wallenden Gewänder und folgte Draupadî. Sie erreichte König Virâtas Hof, wo Virâta und Yudhishthira in ein Gespräch vertieft waren. Draupadî warf sich Virâta vor die Füße und bat um seinen Schutz.

Da Virâta ein sehr schwacher Sterblicher war und zudem Angst vor Kîchaka hatte, sagte er nichts. Aber immerhin hatte es Draupadî zumindest für dieses Mal geschafft, dem liebestollen Kîchaka zu entkommen.

In der Nacht kleidete sich Draupadî ganz in Schwarz und ging heimlich zu Bhîma. Er hatte noch nichts von der Sache mit Kîchaka gehört. Aber als Draupadî ihm von ihrem Kummer erzählte, wurde er äußerst zornig. Er hatte schnell einen guten Plan. Draupadî sollte Kîchaka vorschlagen, sie in der Mitte der Vollmondnacht im Tanzsaal zu treffen. Sie ließ Kîchaka eine entsprechende Nachricht zukommen, der darüber hocherfreut war. Er konnte den Augenblick kaum erwarten. In der Vollmondnacht parfümierte er sich mit Moschus, rieb sich Arme und Beine mit Sandelöl ein und kleidete sich in reine weiße Kleider. Als er zum Tanzsaal kam, sah er eine Gestalt, die mit einem weißen Tuch bedeckt war und auf einem Diwan lag.

Kîchaka hielt die Gestalt für Draupadî. Er schlich auf Zehenspitzen zum Diwan und flüsterte: «Sairandhrî, bist du es?» Statt einer Antwort verspürte Kîchaka eine kräftige Hand, die ihn mit eisernem Griff packte. Sobald Kîchaka klar war, dass der muskulöse Arm unmöglich Draupadî gehören konnte, zog er das weiße Tuch zurück.

«Vallabha!», schrie Kîchaka.

Bhîma sagte mit seiner barschen, heiseren Stimme: «Nein, ich bin Bhîma. Du hast meine Frau Draupadî schändlich behandelt, und ich werde dich töten.» Während er das sagte, erdrosselte er Kîchaka und trommelte auf ihn ein, bis dieser nur noch ein matschiger, formloser Klumpen war. Dann wickelte er ihn in ein weißes Laken.

Am nächsten Tag fanden die Palastwachen den toten Kîchaka im Tanzsaal. Sie eilten zum Hof und teilten dem König Kîchakas Tod mit. Als Yudhishthira die Berichte der Palastwachen vernahm, verdüsterte sich sein

Gesicht, denn er wusste, dass nur Bhîma auf diese Art tötete. Er war jedoch von ganzem Herzen mit Bhîmas Tat einverstanden.

König Virâtas Bestürzung war groß, als er von Kîchakas Tod hörte. Er wusste, dass er nun militärisch geschwächt war. Dieser Tod war ein großer Verlust für Matsya. Das Totenritual wurde durchgeführt.

Alle schauten mit argwöhnischen Blicken auf Sairandhrî, die erzählt hatte, ihre fünf Gandharva-Gatten hätten ihre Schande gerächt, und Königin Sudêshnâ wollte Draupadî entlassen. Aber Draupadî bat Sudêshnâ, noch zwei Monate lang bleiben zu dürfen, denn, so behauptete sie, ihre Gandharva-Männer stünden noch solange unter einem Fluch. Also behielt Sudêshnâ sie noch weitere zwei Monate als Zofe.

10

Duryôdhanas Kriegsplan

Die Nachricht von Kîchakas Tod erreichte auch Duryôdhana. Da Matsya gut in sein anwachsendes Reich passen würde, beschlossen er und Karna, Matsya zu erobern. Karna, der klüger war als Duryôdhana, erriet, dass die Frau, die von sich behauptete, mit fünf Gandharvas verheiratet zu sein, Draupadî war. Auch war es Bhîmas Kampftechnik, mit der Kîchaka getötet worden war. Duryôdhana berief eine Versammlung seiner Verbündeten ein, um die militärische Vorgehensweise zu planen.

König Susharman gehörte zu den berühmten Trigarta-Brüdern, die mit Kîchaka und Matsya noch eine

Rechnung offen hatten. Kîchaka hatte Susharmans Königreich viele Male angegriffen. Nun wollte König Susharman gemeinsam mit Duryôdhana Matsya angreifen. Susharman sollte von Norden her zuschlagen und Virâtas Kühe stehlen. Dadurch hoffte er, die Pândavas und mit ihnen einen großen Teil des Heeres von Matsya herauszulocken. Einen Tag später sollte die Armee der Kauravas von Süden her nach Matsya eindringen und versuchen, das Land zu erobern.

Nur Drôna und Bhîshma waren mit Karnas Plan nicht einverstanden. Aber aus Treue zu ihrem Herrscher Dhritarâshtra beteiligten auch sie sich an dem ungerechtfertigten Feldzug.

Zunächst war der Kriegszug der Kauravas erfolgreich. Die Trigarta-Brüder marschierten in Matsya ein und stahlen Virâtas Kühe. König Virâta war vollkommen verzweifelt, weil er keinen guten General mehr hatte. Kanka kam zu seiner Rettung und sagte: «Vallabha, Dâmagranthi, Tantipâla und ich waren im Dienst der Pândavas, als sie in Indraprastha regierten. Wir waren Generäle in Yudhishthiras Heer und beherrschen die Kunst der Waffenführung hervorragend.»

Virâta war seinen vier Dienern dankbar, dass sie seine Generäle sein wollten. Er marschierte mit diesen eilig ernannten Generälen los, um die Trigarta-Brüder zurückzuschlagen.

Unterdessen griff das Heer der Kauravas Matsya von Süden her an. Dort war nur der junge Uttara Kumâra zur Verteidigung geblieben. Dieser Prinz war eigentlich feige und zimperlich. Nun aber brüstete er sich, er würde Matsya beschützen. Die Hofdamen waren sehr beeindruckt von ihrem Prinzen. Aber es fehlte ihm ein Wagenlenker, weil alle mit Virâta unterwegs waren.

Draupadî schlug vor, Uttara Kumâra solle den Eunuchen Brihannalâ nehmen. Sie sagte: «Er hat mehrmals Arjuna begleitet und ist in ganz Indraprastha als Wagenlenker berühmt.»

Uttara Kumâra lachte darüber, ernannte aber Brihannalâ trotzdem zu seinem Wagenlenker. Kurz darauf waren Arjuna und Uttara Kumâra zum Aufbruch bereit. Sie verabschiedeten sich von den Hofdamen und machten sich auf den Weg.

Kaum hatten sie die Stadt ein kurzes Stück hinter sich gelassen, brachte Arjuna den Streitwagen neben einem Baum zum Stehen, in dessen Zweigen ein Bündel hing. Arjuna bat Uttara Kumâra, das Bündel herunterzuholen. Uttara Kumâra wies Arjunas Ansinnen empört zurück. «Ihh! Das ist doch ein Kadaver! Und das soll ich herunterholen? Wer weiß, was da für böse Geister drinstecken.» Daraufhin erwiderte Arjuna: «Es ist nur ein Kuhfell. Die Pândavas haben ihre Waffen darin versteckt.»

Widerstrebend kletterte Uttara Kumâra auf den Baum und holte das Bündel he-

Uttara Kumâra besteigt einen Baum

runter. Er gab es Arjuna, der es öffnete und die verschiedenen Waffen darin betrachtete. Uttara Kumâra riss die Augen weit auf, als er Bhîmas Keule, Arjunas Gândiva, Nakulas und Sahadêvas Schwerter sah.

Arjuna nahm seinen Lieblingsbogen, den Gândiva, heraus. Er ließ die Sehne schnellen und die Waffe gab einen mächtigen Laut von sich.

Als die Krieger der Kauravas diesen Ton hörten, krümmten sie sich vor Angst. Sie wollten umkehren, aber auf Duryôdhanas Geheiß blieben sie, um zu kämpfen.

Uttara Kumâra und Brihannalâ fuhren los, um sich Duryôdhana entgegenzustellen.

11

Der Kampf zwischen Duryôdhana und Arjuna

Uttara Kumâra rückte weiter vor, aber als er Duryôdhanas großes Heer sah, verließ ihn der Mut und er warf seinen Bogen von sich. Arjuna hielt den Wagen an und bat ihn, wieder Haltung anzunehmen. Aber der junge Prinz hatte zu große Angst vor dem Kampf. Also entdeckte ihm Arjuna, wer er wirklich war, und forderte ihn auf, sein Wagenlenker zu sein.

Der zu Tode erschrockene Prinz stimmte sofort zu und tauschte den Platz mit Arjuna. Er hatte schon viel von Arjuna gehört, aber es kostete ihn Mühe zu glauben, dass dieser Eunuch, der seiner Schwester das Tanzen beigebracht hatte, tatsächlich der große, verehrte Krieger war. Uttara Kumâra warf sich Arjuna vor die Füße und bat um Schutz und Vergebung. Arjuna sagte nur: «Bitte, mein Prinz, nimm die Zügel der Pferde. Wenn wir Duryôdhana aus dem Königreich deines Vaters vertreiben wollen, müssen wir uns ihm entgegenstellen.»

Also trieb Uttara Kumâra die Pferde an. Schnell wie der Wind und wild wie Feuer brachen die beiden Rosse durch die zahlreichen Reihen der Krieger Duryôdhanas.

Dann ließ Arjuna Uttara Kumâra anhalten. Er schoss drei Pfeile ab. Einer landete vor den Füßen von Kripa, einer vor den Füßen von Drôna und der dritte vor den Füßen von Bhîshma. Sie erkannten Arjuna und nahmen seinen Gruß entgegen. Arjuna schoss in alle Richtungen Pfeile ab und vernichtete jeden, der ihm in den Weg kam. Jetzt fürchteten Shakuni und Karna um Duryôdhana und ließen ihn von einer ganzen Abteilung schützen.

Die Reihen des Kaurava-Heeres lichteten sich schnell. Karnas Pferde und sein Wagenlenker wurden erschossen und sein Streitwagen zerstört. Karna war gezwungen, das Schlachtfeld zu verlassen.

Unterdessen stürzte sich der rastlose Duryôdhana in den Kampf. Sofort rückte Karna, nun ohne Wagen, an dessen Seite. Da bemerkte Duryôdhana, dass es niemand anders als Arjuna war, der seine Heerscharen in die Flucht schlug. Just als Duryôdhana dies den Ältesten mitteilen wollte, blies Arjuna in sein Muschelhorn.

Bhîshma, der bereits wusste, was ihm Duryôdhana sagen wollte, lächelte und sagte: «Duryôdhana, es ist tatsächlich kein anderer als Arjuna, wie du es dir gedacht hast, aber ...» Der Prinz der Kauravas unterbrach Bhîshma und sagte voller Freude: «Also haben wir sie erwischt. Jetzt müssen sie noch mal dreizehn Jahre in die Verbannung.»

«Lass mich zu Ende reden», sagte der erfahrene Bhîshma, «in dem Moment, in dem Arjuna sein Muschelhorn blies, war die Verbannung zu Ende.»

«Das Jahr ist noch nicht um!», erwiderte Duryôdhana.

«Doch, ist es. Aber sieh! Arjuna scheint auf uns zuzukommen. Er will sich an dir rächen. Lass uns nach Hastinâpura zurückkehren.» Enttäuscht befolgte Duryôdhana Bhîshmas Rat und kehrte nach Hastinâpura zurück.

12

Die Rückkehr des
siegreichen Paares

Ein Bote eilte herbei und wurde zu König Virâta vorgelassen, der ihn voller Unruhe empfing. Er berichtete: «Der junge Uttara Kumâra ist siegreich aus dem Kampf hervorgegangen. Er hat allein gegen die berühmten Krieger Karna, Drôna und Ashvatthâman, Kripa, Duhshâsana, Duryôdhana und Bhîshma gekämpft. Eben bringt er die Kühe zur Stadt zurück.»

Überglücklich sagte Virâta zu Yudhishthira: «Kanka, lass uns ein Würfelspiel spielen, bis mein wunderbarer Sohn ankommt.»

«Habe ich dir nicht gesagt, dass du dir keine Sorgen zu machen brauchst, wenn Brihannalâ sein Wagenlenker ist», antwortete Yudhishthira. «Bedenke, einem glücklichen Mann bekommt ein Schachspiel immer schlecht. Lass uns wenigstens ohne Einsatz spielen.»

Virâta und Kanka

«Einverstanden», sagte der König. Das Spielbrett wurde aufgestellt und während der König würfelte, sagte er: «Mein großartiger Sohn hat Krieger wie Bhîshma und Karna besiegt. Er muss wirklich ein Meister des Kampfes sein.»

«Mit Brihannalâ als Wagenlenker hätte selbst der größte Feigling gesiegt», erwiderte Yudhishthira.

«Brihannalâ, Brihannalâ, Brihannalâ, dieser dumme Eunuch! Was kann so einer denn schon ausrichten?», rief Virâta ärgerlich und warf Yudhishthira die Würfel ins Gesicht. Draupadî brachte schnell einen Becher, sodass Yudhishthiras Blut nicht auf den Boden tropfte.

«Warum wischst du diesem Spieler das Gesicht mit deinem seidenen Gewand ab?», fragte König Virâta.

«Wenn ein Tropfen Blut eines ehrlichen Mannes zu Boden fällt, bedeutet dies ein Jahr Hungersnot für dein Land. Ich tue dir nur einen Gefallen, wenn ich Kankas Blut abwische», antwortete Draupadî. In dem Moment verkündete der Türsteher, dass Brihannalâ und Uttara Kumâra angekommen seien. Yudhishthira flüsterte dem Türsteher zu, Brihannalâ fern zu halten und nur Uttara Kumâra einzulassen.

Der Prinz betrat den Raum. Arjuna hatte ihm zuvor gesagt, er solle nicht verraten, wer er in Wirklichkeit sei. Daher erwiderte Uttara Kumâra auf das Lob seines Vaters: «Es war nicht meine Tat, Vater, denn der Sohn eines Gottes hat meinen Platz eingenommen. Er und Brihannalâ haben das Heer der Kauravas besiegt.»

König Virâta wollte den Mann belohnen, aber Uttara Kumâra sagte, er sei verschwunden.

Später betrat Arjuna den Hof Virâtas. König Virâta lächelte und dankte ihm, dass er seinem Sohn als Wagenlenker gedient habe. Beim Hinausgehen versuchte Arjuna Yudhishthiras Blick zu erhaschen, aber der hielt sein Gesicht abgewandt. Er wollte die Wunde nicht zeigen, die die Würfel verursacht hatten. Denn zweifellos hätte Arjuna den König, der dafür verantwortlich war, getötet.

Traurig kehrte Arjuna zu den Gemächern der Frauen zurück, um Prinzessin Uttarâ weiterhin Unterricht in Musik und Tanz zu geben.

13

Die Pândavas geben sich zu erkennen

Eines wunderbaren Morgens legten die Pândavas und Draupadî ihre schönsten Gewänder an und parfümierten ihre Körper mit dem seltenen Sandelöl.

Als sie anschließend den Hof betraten, staunten der König und sein Hofstaat nicht schlecht, denn noch nie hatten sie eine Gruppe so stattlicher Menschen zu Gesicht bekommen.

«Wer seid ihr?», fragte der König.

«Ich bin Yudhishthira. Dein Koch Vallabha ist Bhîma, Brihannalâ ist kein anderer als Arjuna. Dâmagranthi ist Nakula und Tantipâla ist Sahadêva. Sairandhrî ist meine Königin Draupadî, berühmt für ihre strahlenden Augen.»

Uttara Kumâra blickte mit einem wissenden Lächeln in die Runde und sagte: «Vater, der Gottessohn, der das Heer der Kauravas schlug, war niemand anderer als Arjuna.»

Darauf erwiderte der König: «Ich danke dir, dass du meinen Sohn gerettet hast. Zur Belohnung will ich dir meine Tochter, die Prinzessin Uttarâ, zur Gattin geben.»

«Da ich ihr Lehrer bin, kann ich nicht ihr Gatte sein», erwiderte Arjuna. «Aber da ich ein Prinz bin, kann ich dein Angebot nicht ablehnen. Mein Sohn Abhimanyu ist wohlgeraten und ein Meister in der Waffenführung. Er wird deine Tochter gerne heiraten.»

Zur Hochzeit Abhimanyus mit Uttarâ kamen Draupadîs Söhne, der gesamte Yâdava–Stamm, die Panchâla-

Prinzen und Draupada nach Matsya. Damit hatten die Pândavas all ihre Freunde und Verbündeten um sich versammelt.

14

Der Kriegsrat

Das friedliche, nahezu unbewohnte matsyanische Dorf Upaplavya hatte sich in ein Heerlager verwandelt, denn Yudhishthiras Verbündete hatten sich zu einer Besprechung ihrer zukünftigen Pläne eingefunden. Balarâma, der König der Yâdava, erhob sich und machte folgenden Vorschlag: «Ich meine, wir sollten zunächst friedlich beginnen. Wir bitten um die Rückgabe eures Landes, und erst wenn Duryôdhana dieser Bitte nicht entspricht, werden wir ihm den Krieg erklären.»

Krishna unterstützte Balarâmas Plan. Er sagte: «Balarâma hat Recht. Lasst uns einen neutralen Boten schicken, zum Beispiel einen Angehörigen der Yâdava, die sowohl mit den Pândavas als auch mit den Kauravas verwandt sind. Lasst uns um die Rückgabe unseres gesamten Königreichs bitten. Wenn Dhritarâshtra nicht zustimmt, dann erbitten wir Indraprastha und vier Dörfer.»

Der Vorschlag gefiel Yudhishthira. Er sagte: «Für alle, die nicht zugehört haben: Wir haben beschlossen, Krishna als unseren Gesandten an den Kaurava-Hof zu schicken, wo er Dhritarâshtra um die Rückgabe meines Königreiches bitten soll. Wenn Duryôdhana es nicht zurückgeben will, werden wir nur fünf Orte verlangen. Wenn wir die nicht bekommen, werden wir Duryôdhana den Krieg erklären.»

Die Könige sahen ein, dass dies die beste und klügste Vorgehensweise war, und nahmen den Vorschlag an. Duryôdhana hatte Wind von der Versammlung bekommen und zog die Heerscharen seiner eigenen Verbündeten und Vasallen zusammen.

15

Duryôdhanas Weigerung

Krishna reiste also nach Hastinâpura und wurde vom König sofort empfangen.König Dhritarâshtra hieß Krishna mit großem Respekt willkommen und fragte ihn, warum er gekommen sei.

«Ich komme als Gesandter der Pândavas», erwiderte Krishna nach einer Pause. «Ich komme in friedlicher Absicht. Die Pândavas wollen nichts weiter als die Rückgabe ihres Königreichs. Sie wollen ihren Vettern, den Kauravas, keinen Schaden zufügen.»

«Nein!», wehrte Duryôdhana ab. «Wir können den Pândavas ihr Königreich nicht zurückgeben.»

«Dann gib ihnen wenigstens Indraprastha und vier weitere Orte», bat Krishna.

«Nein! Ich werde ihnen nicht einen Fußbreit meines Gebietes überlassen!», schrie Duryôdhana.

«Nun, wenn du das so siehst, dann erklären dir die Pândavas den Krieg!», beendete Krishna das Gespräch und erhob sich: «Ich sage dir, nach dem, was du ihnen angetan hast, ist ein Krieg unvermeidbar. Und in diesem Krieg wirst du getötet werden, wie Bhîma es geschworen hat und es der Fluch Maitrêyas besagt.»

16

Shalya

Shalya, der König von Madra und der Bruder Mâdrîs, also ein Onkel der Pândavas, begab sich mit einer *Heereseinheit* zum Kriegslager der Pândavas.

Unterwegs machten sie Halt, um zu übernachten. Im Handumdrehen wurden alle Wünsche der Krieger von unbekannter Hand erfüllt. Shalya stieg ein köstlicher Duft erlesenen Fleisches in die Nase, das die Wohltäter angerichtet hatten. Da Shalya annahm, es seien die Pândavas, die seine Krieger versorgten, schickte er nach den Wohltätern und erklärte, er wolle ihnen eine Bitte gewähren. Da öffnete sich das Zelt – und herein trat Duryôdhana! Shalya erschrak, doch gewährte er Duryôdhana einen Wunsch.

«Ich will nur, dass du dich mit deiner Heereseinheit meiner Streitkraft anschließt», sagte der listige Prinz. Shalya verlor allen Mut. Wie konnte Duryôdhana von all den Millionen Dingen, um die er hätte bitten können, ausgerechnet das verlangen? Shalya bat Duryôdhana, sich entfernen zu dürfen, denn er musste zu den Pândavas.

In Upalavya berichtete Shalya Yudhishthira von Duryôdhanas Forderung. «Es war dumm von mir, ihm einen Wunsch zu gestatten. Sieh doch nur, was er daraus gemacht hat. Es tut mir so Leid, Yudhishthira», schluchzte Shalya.

«Schon gut, Onkel, aber gewähre auch mir eine Bitte», erwiderte Yudhishthira.

«Ich werde nicht zögern, dir einen Wunsch zu erfüllen», rief Shalya. «Was möchtest du, Yudhishthira?»

«Ich möchte dich nur um eines bitten», sagte Yudhishthira. «An dem verhängnisvollen Tag, an dem der Kampf zwischen Karna und Arjuna stattfindet, wird man dich als erfahrenen Wagenlenker bitten, die Zügel von Karnas Pferden zu halten. Wenn dies so weit ist, dann jage Furcht in Karnas Herz.»

«Selbstverständlich», seufzte Shalya. «Ich wünschte nur, ich könnte mehr für euch, meine armen, unglücklichen Neffen, tun.»

Schweren Herzens verließ Shalya Yudhishthira und kehrte nach Hastinâpura zurück.

17

Ein Wagenlenker oder
sein ganzes Heer?

Sowohl Duryôdhana als auch Arjuna machten sich auf den Weg, um ihren Yâdava-Vetter Krishna um eine Gunst zu bitten. Duryôdhana kam zuerst an, kurz darauf Arjuna.

Duryôdhana setzte sich auf einen prunkvollen Stuhl neben das Lager, auf dem Krishna schlief. Arjuna nahm auf einem Hocker an Krishnas Fußende Platz.

Als Krishna aufwachte, sah er Arjuna zu seinen Füßen sitzen. Dann wandte er sich um und sah Duryôdhana.

Duryôdhana sprach zuerst: «Da wir beide mit dir verwandt sind, wollen wir beide, dass du unseren Streitkräften beitrittst. Ich war zuerst da, also solltest du meinem Heer beitreten.»

«Aber ich habe Arjuna zuerst gesehen», erwiderte Krishna. «Wie dem auch sei, ich möchte euch ein An-

Krishna schläft

gebot machen. Einem von euch biete ich meine Dienste als Wagenlenker an, dem anderen mein gesamtes
Yâdava-Heer. Überlegt sorgfältig. Wollt ihr einen Wagenlenker oder lieber sein ganzes Heer? Arjuna, da ich
dich zuerst sah, wofür entscheidest du dich?»

«Ich entscheide mich für dich, mein Herr», sagte Arjuna. «Und ich nehme gerne dein Heer», sagte Duryôdhana überglücklich und erhob sich zum Gehen.

Auf dem Weg nach Hastinâpura besuchte Duryôdhana Balarâma, Krishnas älteren Bruder, um ihn zu bitten, sich seinen Streitkräften anzuschließen. Balarâma
lehnte ab, da er nicht gegen seinen Bruder kämpfen
könne. «Ich werde neutral bleiben, da ich dich liebe

und Krishna liebe und ich mich hin- und hergerissen fühle», sagte er. Duryôdhana gelang es jedoch, Kritavarman, den großen Yâdava-Helden, und dessen gesamtes Heer auf seine Seite zu ziehen.

Nun hatte Duryôdhana elf Heereseinheiten zusammen, Yudhishthira sieben. Der Krieg sollte auf dem Schlachtfeld von Kurukshêtra stattfinden.

18

Kuntîs Sohn

Am Vorabend der großen Schlacht von Kurukshêtra verspürte Kuntî Sehnsucht nach ihrem ältesten Sohn Karna. Sie war gewöhnt, dass ihre Söhne ihre Anordnungen widerspruchslos ausführten, deshalb verschwendete sie keinen Gedanken daran, ob auch Karna diese Eigenschaft hätte. Sie begab sich zu dem Ort, an dem Karna gewöhnlich zur untergehenden Sonne betete.

Kuntî wartete, bis Karna seine asketischen Übungen beendet hatte, und sagte: «Karna, ich, Kuntî, bin deine Mutter und der Sonnengott ist dein Vater ...»

«Das weiß ich, Kuntî, denn Sûrya ist mir in einem Traum erschienen und hat mir gesagt wer meine wahren Eltern sind», unterbrach sie Karna.

«Du weißt das!», rief Kuntî überrascht und fuhr dann fort: «Was ich sagen wollte, die Pândavas sind deine jüngeren Brüder und nach den Gesetzen der Ehe wird das uneheliche Kind einer jungen Frau, sobald sie heiratet, zum ersten Kind ihres Ehemannes. Also bist du Pândus Erstgeborener.»

«Aber du hast mich am Fluss ausgesetzt. Ich wurde

von Adhiratha gefunden und Râdhâ wurde meine Mutter. Ich werde auch Râdhêya genannt, Râdhâs Sohn.»

«Alles, was Yudhishthira gehört, wird dir gehören. Draupadî wird zu deiner Frau, Indraprastha wird dein Königreich», sagte Kuntî.

«Duryôdhana hat mir seine Freundschaft geschenkt», antwortete Karna. «Er braucht mich, um diesen Krieg zu gewinnen. Ich kann ihn nicht im Stich lassen. Aber deine Söhne werde ich verschonen – nur Arjuna nicht. Wir beide werden im Kampf aufeinander treffen und einer von uns wird sterben. Wie immer es auch ausgeht, du wirst fünf Söhne behalten.»

Unendlich traurig verabschiedete sich Kuntî von ihm; sie wusste, dass seine Entscheidung unumstößlich war. Zum ersten und zum letzten Male umarmten Mutter und Sohn einander zärtlich.

19

Sanjaya

Sanjaya war der Wagenlenker des blinden Dhritarâshtra. Abgesehen von Vidura war Sanjaya der Mensch, den Dhritarâshtra am stärksten liebte und dem er am meisten vertraute. Als nun Vyâsa Dhritarâshtra aufsuchte, hörte er ihn klagen, dass er den schrecklichen Krieg, der sich anbahnte, nicht sehen, ja noch nicht einmal etwas darüber erfahren könne. Da dachte Vyâsa eine Weile nach und fragte Dhritarâshtra schließlich, ob er diese Kriegsschlachten wirklich sehen wolle. Denn Vyâsa hatte die Macht, dem blinden König für die Dauer des Krieges das Augenlicht zurückzugeben.

«Nein!», antwortete Dhritarâshtra. «Ich möchte nicht den Tod meiner Söhne mit ansehen müssen. Aber es wäre schön, wenn mir jemand berichten könnte, was im Krieg vorgeht.»

Vyâsa zögerte, bevor er wieder das Wort ergriff:

«Sanjaya, ich verleihe dir die Gabe des göttlichen Sehens, sodass du die Vorgänge auf dem Schlachtfeld von Kurukshêtra beobachten kannst, selbst wenn du tausend Wegstunden entfernt bist. Ich verleihe dir auch die Gabe, über die Schlacht klar, genau und in allen Einzelheiten und unparteiisch berichten zu können.»

Sanjaya schloss die Augen und Vyâsa strich mit seinen Händen darüber.

20

Karna sagt sich von seinen Verpflichtungen los

Am Vorabend der Schlacht hielt Duryôdhana mit seinen Ältesten und seinen Verbündeten Kriegsrat. Bhîshma wurde einstimmig zum Oberbefehlshaber der Kaurava-Streitkräfte gewählt. Unter seiner Führung würde ihnen der Sieg gewiss sein, dachte Duryôdhana. Bhîshma nahm die Ehre an und ließ seinen Blick über den gesamten Rat schweifen, bis er an einer einzelnen Gestalt hängen blieb – an Karna.

«An der Seite dieses *Sûtraputra* werde ich nicht kämpfen», rief Bhîshma mit hasserfüllter Stimme. «Seine Stärke liegt einzig und allein darin, dich, Duryôdhana, mit leeren Worten und Versprechungen abzuspeisen. Ich warne dich, er wird dein Ende sein. Karna ist von Parashurâma dazu verdammt worden, gegen Arjuna zu kämpfen und Arjuna ist ihm weit überlegen. An Karnas Seite werde ich nicht kämpfen.»

Karnas Augen glühten. «Wenn das deine Meinung ist, Bhîshma, dann betrachte ich es nicht als Ehre, an deiner Seite zu kämpfen. Duryôdhana, es tut mir sehr Leid, aber ich werde nicht an der Seite von Bhîshma kämpfen. Erst wenn er gefallen ist, werde ich in dein Heer eintreten. Solange er am Leben ist und dein Heer befehligt, werde ich nicht zu den Waffen greifen.»

Erhobenen Hauptes schritt Karna aus dem Zelt. Für den Augenblick hatte er sich von allen Verpflichtungen losgesagt und würde erst kämpfen, wenn Bhîshma seine Waffen niederlegte oder kampfunfähig wäre.

In den folgenden zehn Tagen beobachtete Karna nur, was sich auf dem Schlachtfeld von Kurukshêtra abspielte.

21

Arjunas Zweifel

Die Sonne war aufgegangen und tauchte das ganze Schlachtfeld von Kurukshêtra in ihr goldenes Licht. Eine angenehme Brise wehte und die Wimpel und Fahnen flatterten im Wind. Arjunas Affenbanner, das mit dem Abbild *Hanumans* einen besonderen Glanz erhielt, war weit zu sehen. Hanuman hatte seinem Halbbruder Bhîma versprochen, in Arjunas Banner anwesend zu sein, um so den Sieg der Pândavas sicherzustellen. Viele Helden trugen bunte Seidengewänder zur Schau. Da war Arjunas blaues Seidenkleid, das einen herrlichen Kontrast zum leuchtenden Gelb seines Wagenlenkers Krishna bildete. Duryôdhana hatte ein feuriges Rot gewählt und Bhîshma ein ungewöhnlich mitreißendes Blau.

Als die beiden Heere vorwärts marschierten, fand Arjuna sich plötzlich einem Sturm von Gefühlen ausgesetzt. Traurigkeit, Unschlüssigkeit und Unbehagen machten sich in ihm breit, und in einem Anfall von Verzweiflung warf er seine Waffen zu Boden, setzte sich hin und vergrub seinen Kopf in den Händen.

Da alle nur darauf warteten, dass zum Angriff geblasen wurde, ließ Krishna die Zügel der Pferde fallen und wandte sich Arjuna zu. Arjuna war unglücklich.

Er sagte: «Ich schaue die gesamte Streitmacht der Kauravas an, ich kenne jeden einzelnen von ihnen. Ich sehe Bhîshma mit seinen unzähligen Kriegsnarben, meine Lehrer Drôna und Kripa, meine Freunde Kritavarman und Ashvatthâman, meinen Onkel Shalya. Ich sehe meine Vettern Duryôdhana, Duhshâsana, Vikarna. Ich sehe meine Neffen. Ich möchte diese Menschen nicht töten, auch wenn Duryôdhana und die anderen mich töten wollen. Ich denke daran, wie viel Trauer ihr Tod über mich bringen wird. Jetzt kann ich verstehen, warum Yudhishthira bereit war, sich mit fünf Orten zu begnügen. Ich wusste nicht, dass mich mein Mut und meine Kraft verlassen würden, wenn ich sie am meisten brauchte! O Krishna! Ich möchte einfach nicht kämpfen und all diese Leute töten, die ich seit meiner Geburt kenne.» Arjuna brach in Tränen aus.

Krishna versuchte ihn zu beruhigen. «Wir sind alle hier auf dem Schlachtfeld, um den Zweck zu erfüllen, für den wir geschaffen wurden. Vor langer Zeit beschwerte sich Mutter Erde bei mir und sagte, es wären zu viele böse Menschen auf der Erde. Ich wurde geboren, um Mutter Erde die Last zu erleichtern. Du wur-

Vishvarûpa

dest geboren, um mir zu helfen. Wir sind die göttlichen
Weisen Nara und Nârâyana, wieder geboren, um die
Welt vom Bösen zu erlösen. Und durch diesen Krieg
werden wir das erreichen.»

«Aber ich will niemand töten», sagte Arjuna hartnäckig. «Von außen mag es scheinen, als hasste ich die Kauravas, aber eigentlich liebe ich sie. Bitte, hilf mir.»

Da erwiderte Krishna: «Arjuna, wir sind alle zu einem bestimmten Zweck geboren. Du und deine Brüder, ihr seid meine Werkzeuge, um auszuführen, was bereits bestimmt ist. Du wirst nur die sterblichen Hüllen von Bhîshma und Drôna töten, ihre Seelen hingegen werden auf immer und ewig leben. Du erlöst sie von ihrem Leben. Sie haben lange genug gelebt, um deine Brüder und Vettern aufwachsen zu sehen. Ihre Pflicht ist getan. Auch wenn du es nicht wissen solltest: Sie warten nur auf ihren Tod.» Und Krishna fuhr fort: «Arjuna, es ist deine Pflicht, die Erde von bösen Menschen wie Duryôdhana, Duhshâsana, Alambusha, Jayadratha und Shakuni zu erlösen. Das ist deine Pflicht, was immer gesagt und getan werden mag. Wer oder was immer dich aufzuhalten versucht, muss ebenfalls getötet werden. Pflicht ist Pflicht. Du musst deine Pflicht tun, gleichgültig, was daraus folgt. Ja, gute Menschen werden sterben, aber du opferst sie deiner Pflicht.»

Daraufhin bat Arjuna Krishna, sich ihm als *Vishvarûpa* zu zeigen. Krishna versetzte sich und Arjuna in ein helles Licht und entdeckte Arjuna seine wahre Gestalt: Sie war Ehrfurcht gebietend. Die Bäume bildeten Krishnas Haar. Die Berge seine Knochen. Die Sonne und der Mond seine Augen. Die Wolken seine Haut. Krishna hatte vier Arme. In einem hielt er das Muschelhorn, in einem den Kampfdiskus, in einem den heiligen Lotus und mit der vierten Hand segnete er Arjuna. Von Krishnas Armen erhoben sich, angeführt von Indra, die Götter, die sieben großen Weisen und andere heilige und weise Männer.

Krishna verkündete: «Ich bin der Retter aller Geschöpfe. Ich bin Vishnu.»

An Vishnus Füßen verbeugten sich die Shûdras, an seinen Knien die *Vaishyas*. Die Kshatriyas verbeugten sich in der Höhe von Vishnus Hüfte und die Brahmanen an seiner Brust.

Arjuna geriet in Verzückung, als er die göttliche Gestalt Vishnus sah. Er sagte: «Krishna, das Licht deines Körpers blendet. Könntest du in deine menschliche Gestalt zurückkehren?»

Da öffneten sich Vishnus Lippen und schenkten Arjuna ein Lächeln von unendlichem Liebreiz und strahlender Reinheit. Und unversehens hatte Krishna wieder die Zügel von Arjunas Streitwagen in den Händen.

Arjuna fragte Krishna: «Es gibt zwei Wege, dich zu erreichen. Welche sind es?»

Erneut lächelte Krishna und sagte: «Mich kann man sowohl durch Gebet und Askese erreichen als auch, indem man ein normales Leben führt und dabei immer zuerst seine Pflicht tut. Menschen, die einen dieser beiden Wege gehen, werden mich erreichen, wenn ihre Seelen sich gelöst haben. Beide sind gleichermaßen meine Anhänger und ich behandele sie gleich.»

Dies beruhigte Arjuna, und da er wusste, dass die Pflicht zuerst kam, stürzte er sich kopfüber in die Schlacht. Er blies in sein Muschelhorn und stieß seinen mächtigen Schlachtruf aus.

22

Yudhishthiras Bitte

Während die beiden Heere vorstießen, bat Yudhishthira plötzlich seinen Wagenlenker anzuhalten. Yudhishthira warf seine Waffen von sich und schritt durch die Reihen des Kaurava-Heeres, bis er zu Bhîshmas Wagen gelangte. Er sagte: «O verehrter Krieger, mein Großvater, o du Enthaltsamer, ich bitte dich um deinen Segen, damit ich aus diesem Krieg siegreich hervorgehe.»

Bhîshma lächelte und sagte mit rauer Stimme: «Es freut mich, dass du mich um meinen Segen bittest. All mein Segen soll fortan mit dir sein.»

Yudhishthira wandte sich an Drôna und trug ihm dieselbe Bitte vor. Drôna sagte: «Yudhishthira, wenn du nicht zu mir gekommen wärst, um meinen Segen zu erbitten, hätte ich dich verflucht. Da du gekommen bist, segne ich dich.»

Daraufhin ging Yudhishthira zu seinem Onkel Shalya und zu seinem Freund Kritavarman und bat sie, für seinen Sieg zu beten, was sie ihm gerne zusicherten.

Nun kehrte Yudhishthira zu seinem Streitwagen zurück und nahm seine Waffen auf. Kurz bevor die beiden Heere einander angriffen, trat Yuyutsu, der Sohn von Dhritarâshtra und einer nichtköniglichen Frau, aus den Reihen der Kauravas heraus und sagte voller Abscheu: «Ich verlasse die Streitmacht meiner Brüder.» Er schloss sich den Pândavas an und kämpfte während des ganzen Krieges auf ihrer Seite.

Der Tag endete erfolgreich für die Kauravas, denn sie gewannen die Schlacht des ersten Tages.

23
Bhîshmas Versprechen

Duryôdhana konnte sich nicht freuen über den Sieg am ersten Tag des Krieges. Er begab sich zu Bhîshma, dem Oberbefehlshaber seines Heeres.

«Was soll das?», tobte er. «Obwohl wir heute gewonnen haben, hast du nicht einmal den Versuch unternommen, die Pândavas anzugreifen. Du hast bloß ein paar Prinzen von Matsya getötet. Wie sollen wir diesen Krieg gewinnen, wenn du dich einfach raushältst und die Arbeit den Kriegern überlässt, deren Selbstachtung angesichts deines Verhaltens schwinden wird?»

«Duryôdhana», gab Bhîshma mit geschlossenen Augen zurück, «ich habe dir ein ums andere Mal gesagt, dass die Pândavas nicht besiegt werden können. Ich liebe sie und dich gleichermaßen. Ich kann sie nicht töten, weil ich sie liebe, und selbst wenn ich sie töten wollte, würde ich bei dem Versuch getötet werden. Aber ich verspreche dir, Duryôdhana, dass ich jeden Tag zehntausend Krieger von Yudhishthiras Heer töten werde.»

In den nächsten Tagen hielt sich Bhîshma an sein Versprechen und tötete jeweils zehntausend Krieger des Pândava-Heeres.

Am Abend des ersten Kriegstages saßen die geschlagenen Krieger der Pândavas schweigend in ihrem Lager. Die Pândavas und ihre Verbündeten beklagten den Tod der Prinzen von Matsya, Shvêta und Uttara Kumâra.

24

Neun Tage Krieg

Die Pândavas, die am ersten Kriegstag eine Niederlage erlitten hatten, fürchteten um den Verlauf des zweiten Tages. Durch heldenhafte Anstrengungen erreichten sie, dass die untergehende Sonne Zeugin ihres Sieges wurde. An dem Tag hatten die Kauravas eine Niederlage erlitten.

Am dritten Tag zog Arjuna durch seine Tapferkeit alle Aufmerksamkeit auf sich. Duryôdhana verlor die Besinnung und wurde von seinem Wagenlenker fortgebracht. Die gesamte Streitmacht der Kauravas geriet in Unordnung. Später stellte Duryôdhana seine Truppen wieder neu auf. Doch der Tag endete nicht gut für die Kauravas. Tief beeindruckt von Arjunas Kampftechniken kehrten die geschlagenen Krieger in ihr Lager zurück. Duryôdhana redete wieder wütend auf Bhîshma ein, der während der Schlacht von Krishna bedroht worden war. Krishna war mit dem Kampfdiskus in der Hand aus seinem Wagen gestürzt und hatte Bhîshma töten wollen, weil Arjuna es nicht tat.

Am vierten Tag wüteten die Kämpfe wie Waldbrände. Doch einmal mehr gewannen die Pândavas.

Und wieder rügte Duryôdhana Bhîshma. Doch Bhîshma war müde und riet ihm, den Krieg zu beenden.

Am fünften und sechsten Tag ließ auf beiden Seiten der Kampfgeist der Krieger nach. Keine Partei gewann.

Im Morgengrauen des siebten Tages begab sich Du-ryôdhana wie üblich zu Bhîshma und setzte ihn unter Druck. Bhîshma versprach ihm, wieder sein Bestes zu tun.

Auch Yudhishthira drohte Shikhandin, von dessen Schwur er wusste. «Warum ist Bhîshma nicht tot? Warum hast du ihn nicht getötet? Du wurdest als Mann geboren, um ihn zu töten.»

Am achten Tag gab es auf der Seite der Kauravas große Verluste. Shakunis Sohn und viele der Kaurava-Fürsten wurden getötet. Die Pândavas erlitten den Verlust von Irâvat, dem Sohn von Arjuna und der Nâga-Prinzessin Ulupi. Irâvat wurde in einem Kampf mit Anwendung von Zauberei durch einen Dämon getötet. Karna, Du-ryôdhana und Duhshâsana drohten Bhîshma, dass er nicht mehr länger Oberbefehlshaber sein könne, wenn er nicht besser kämpfe.

Am neunten Tag versuchte Krishna, Bhîshma mit seiner Peitsche zu töten, weil er gesehen hatte, welche Verluste Bhîshma dem Heer der Pândavas zugefügt hatte. Arjuna brachte Krishna zum Streitwagen zurück. Der neunte Tag ging mehr oder weniger an die Kauravas.

25

Bhîshma legt sich nieder

Die Nacht war dunkel. Fünf unbewaffnete Gestalten schlichen durch das Lager der Kauravas zu Bhîshmas Zelt. Der Zelteingang wurde aufgeschlagen und sie traten hinein. Im Licht der Lampe nahmen sie ihre Umhänge ab und gaben sich zu erkennen: Sie waren die Pândava-Brüder.

Bhîshma lächelte und sagte: «Was kann ich für euch tun? Ach, wie viel schöner ist es, euch hier zu sehen, als auf dem Schlachtfeld.»

«Bhîshma, unsere Streitkräfte erleiden große Verluste. Wir müssen wissen, wie du getötet werden kannst, damit wir den Krieg gewinnen können.»

Wieder lächelte Bhîshma. «Das ist leichter, als ihr denkt. Ihr braucht nur Shikhandin vor mich aufzustellen und Arjuna dahinter. Da Shikhandin in seinem früheren Leben eine Frau war und einen Teil seines gegenwärtigen Lebens als Frau verbringt, kann und will ich mich nicht gegen ihn stellen.»

Yudhishthira dankte ihm und die Pândavas verließen unerkannt das Lager der Kauravas.

Am nächsten Morgen stellte Yudhishthira Shikhandin ganz vorne hin und Arjuna direkt dahinter. Arjuna war schwer bewacht, Yudhishthira beschützte das linke und ein Krieger aus Panchâla das rechte Rad des Streitwagens.

So näherten sie sich Bhîshma. Duryôdhana hatte inzwischen von seinen tüchtigen Spähern gehört, dass die Pândavas nachts im Lager gewesen waren, und auch, worüber sie mit Bhîshma gesprochen hatten. Obwohl Duryôdhana Bhîshma gerne aus dem Weg gehabt hätte, liebte er den alten Mann doch und ließ ihn von Kaurava-Helden beschützen. Duhshâsana bekam den Auftrag, seine Brüder und ihre Verbündeten zusammenzurufen und um Bhîshma herum aufzustellen.

Duryôdhana schützte Bhîshma eine Weile, aber er wurde bald verwundet. Zudem war seine Keule zerbrochen, sein Wagenlenker und die Pferde getötet worden, sodass Duryôdhana außer Gefecht gesetzt war.

Shikhandin begann, auf Bhîshma zu schießen. Bhîshma beachtete ihn nicht. Hinter Shikhandin war Arjuna, dessen Pfeile tief in Bhîshmas Fleisch drangen. Aber der alte Kämpfer spürte nichts. Das Blut strömte und lief über den ganzen Körper und färbte ihn purpurrot. Er sah aus wie die untergehende Sonne.

Bhîshma hörte die Stimme seiner Mutter Gangâ und die Stimmen der *Vasus* seiner Brüder, die ihn zu sich riefen. «Komm!», sagten sie. «Komm zu uns in den Himmel. Dein Werk auf der Erde ist getan. Komm, Bhîshma, komm.»

Bhîshma schloss die Augen und lauschte einige Minuten lang den Stimmen. Dann erinnerte er sich daran, dass er Duryôdhana verpflichtet war. Mit blitzenden Augen schickte er Pfeile aus. Tausende Pândava-Krieger landeten im Reich der Toten.

Schließlich beendete Arjuna Bhîshmas gnadenloses Schlachten. Er deckte den mächtigen Krieger mit Pfeilen zu. Bhîshma fiel ermattet um und blieb auf den Pfeilen, die in ihm steckten, liegen. «Ha, ha», sagte er, «ich bin auf Pfeilen gebettet, genau das richtige Lager für einen Kshatriya.»

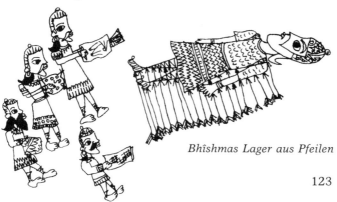

Bhîshmas Lager aus Pfeilen

Der Kopf wurde ihm schwer und er bat um ein Kissen. Tausende von Königen eilten zu ihren Lagern und kehrten mit Kissen aller Größen, Formen und Farben zurück. Aber Bhîshma wies sie mit einem Kopfschütteln ab. «Gebt mir ein Kissen, das zu einem Kshatriya passt», sagte er. Arjuna verstand und schoss vier Pfeile ab. Ihre Spitzen stützten Bhîshmas Kopf.

«Mich dürstet, mein Sohn», sagte Bhîshma. Arjuna hob seinen Bogen und schoss einen Pfeil ab. Er drang mit solcher Wucht in den Boden, dass Wasser entsprang. Bhîshmas Mund füllte sich mit süßem Wasser. Nun lag er auf seinem Lager aus Pfeilen und schaute hinauf zum Himmel.

Die Götter im Himmel fragten sich, ob Bhîshma jetzt sterben wolle, denn die Sonne hatte den nördlichsten Punkt überwunden, und um diese Zeit zu sterben verhieß Unheil. Bhîshma lächelte, als habe er die Gedanken der Götter gelesen. Er erinnerte sich an die Worte seines Vaters. «Du kannst den Zeitpunkt deines Todes wählen, mein Sohn», hatte sein Vater vor mehr als einem halben Jahrhundert gesagt.

Ja, er war müde vom Leben und wollte zu seiner Mutter und seinen Brüdern heimkehren, aber jetzt konnte er noch nicht sterben. Das war gegen sein *Dharma*. Er würde sterben, wenn der Sonnenstand günstiger war.

Bhîshma schaute in die untergehende Sonne und schloss die Augen.

Oberbefehlshaber Drôna

Als der elfte Tag anbrach, stand Duryôdhana vor der schwierigen Aufgabe, einen neuen Befehlshaber suchen zu müssen. «Hilf mir, Karna», sagte er. Er war verzweifelt. «Es sind so viele großartige Helden hier, und wenn ich einen von ihnen ernenne, dann stoße ich die übrigen vor den Kopf.»

«Hmmm …», überlegte Karna. Und schließlich sagte er: «Warum nimmst du nicht Drôna? Er ist der Größte von all den Helden hier, und niemand wird beleidigt sein, wenn du ihn wählst.»

Duryôdhana gefiel Karnas Vorschlag, und er bat Drôna sofort, sein neuer Oberbefehlshaber zu sein. Drôna mochte die bescheidene Art, in der Duryôdhana ihn angesprochen hatte und willigte ein.

Die Krönung zum Oberbefehlshaber wurde schnell durchgeführt. Drôna, der noch ganz gerührt war von Duryôdhanas Bitte, gewährte ihm einen Wunsch. «Ich möchte, dass Yudhishthira lebendig gefangen wird», sagte Duryôdhana und Drôna erwiderte: «Wenn du Arjuna weglocken kannst, wird es so geschehen.»

Die Späher der Pândavas berichteten dies getreulich, und Arjuna kochte vor Wut, als er hörte, was Drôna versprochen hatte. Drôna stellte seine Streitmacht in der Furcht erregenden Kreis-Schlachtordnung auf. Vor diese Kreis-Formation stellte er Karna. Die Krieger der Kauravas applaudierten, als sie ihn sahen.

Dagegen ließ Dhrishtadyumna seine Truppen in der Reiher-Formation aufmarschieren. Sobald Arjuna außer Sicht war, versuchte Drôna Yudhishthira zu fangen. Aber zunächst musste er so gewaltige Gegner wie Satyajit, Sâtyaki, Dhrishtadyumna und Shikhandin schlagen. Als Drôna endlich Yudhishthira gefangen nehmen wollte, tauchte Arjuna auf. Krishna preschte mit Arjunas Streitwagen heran und Arjunas Pfeile flogen und töteten tausende Krieger der Kauravas. Arjuna und Drôna trafen aufeinander. Rot vor Zorn besiegte Arjuna Drôna, seinen Lehrer. Alles in allem ging der Tag an die Pândavas. Es hatten viele großartige Zweikämpfe stattgefunden.

27

Die Samshaptakas

In dieser Nacht wurde im Lager der Kauravas ein Kriegsrat abgehalten. Wie immer schob Duryôdhana die Schuld für die Niederlage auf seinen Befehlshaber. Drôna ärgerte sich über Duryôdhanas Worte und sagte: «Ich habe Yudhishthira heute beinahe gefangen genommen, aber da kam Arjuna dazu. Ich habe dir doch gesagt, wenn du willst, dass ich Yudhishthira lebend fange, musst du Arjuna weglocken.»

Darauf sagte Susharman, der Trigarta-König: «Meine *Samshaptakas* und ich, wir haben geschworen, jeden Auftrag, den wir übernehmen, erfolgreich auszuführen, selbst wenn wir dabei sterben müssen. Morgen werde ich Arjuna herausfordern. Wenn er die Herausforderung nicht annimmt, muss er anerkennen, dass wir ihm überlegen sind. Das weiß er. Darum kann er die Herausforderung nicht ablehnen.»

Am nächsten Tag forderte Susharman Arjuna heraus, der natürlich nicht ablehnen konnte. Er bat Yudhishthira um Erlaubnis, von dessen Seite weichen zu dürfen. Arjuna sagte, er hoffe, mit den Trigartas schnell fertig zu werden. Aber die Samshaptakas hatten andere Pläne. Als Arjuna die meisten von ihnen getötet hatte, tauchten die wenigen Übriggebliebenen auf und machten Arjuna schwer zu schaffen.

Unterdessen hatte Satyajit, ein Bruder von Draupada, den Schutz von Yudhishthira übernommen. Drôna griff Yudhishthira an, musste aber erst gegen Dhrishtadyumna kämpfen. Durmukha, einer der Kaurava-Brüder, forderte Dhrishtadyumna heraus. Der Befehlshaber der Pândavas konnte nicht ablehnen. Drôna tötete Satyajit, Virâtas Bruder Shatânîka und Draupadas anderen Bruder Vrika. Die Streitkräfte der Pândavas waren erschüttert, als sie mit ansehen mussten, wie in noch weniger als einer Minute drei ihrer großen Helden starben.

Dennoch drang Drôna nicht bis zum Streitwagen von Yudhishthira vor. Dafür ließ er seinen Ärger am Heer der Pândavas aus. Er beförderte mehr als tausend Krieger ins Totenreich.

Draupadîs Söhne und Abhimanyu stellten sich Drôna entgegen. Und jetzt erschien der alternde König Bhagadatta mit seinem gefürchteten Elefanten. Dieser zerschmetterte die Streitwagen von Bhîma, Abhimanyu und Sâtyaki und fügte den Streitkräften der Pândavas so viele Verluste zu, wie es eine ganze Abteilung getan hätte. Die Pândavas schämten sich bei dem Gedanken, dass sie gegen einen einzelnen Elefanten und seinen Besitzer kämpften.

Arjuna schlug die Samshaptakas, indem er die Vajra-Waffe seines Vaters Indra zu Hilfe rief. Daraufhin entbrannte ein fürchterlicher Kampf zwischen Arjuna und Bhagadatta. Bhagadatta rief die Vaishnava-Waffe, die unfehlbare göttliche Waffe Vishnus zu Hilfe. Wer über diese Waffe verfügte, war, solange er sie bei sich hatte, gegen jede andere Waffe geschützt. Diese göttliche Waffe verwundete Arjuna nicht. Aber Bhagadatta und sein Elefant hatten nun, da er seine göttliche Waffe eingesetzt hatte, ihren Schutz verloren.

Mit einem Pfeil zielte Arjuna auf die Brust des Elefanten und schoss. Der Pfeil erreichte sein Ziel, der große Elefant stürzte und starb. Bhagadatta war Arjunas nächstes Opfer. Auch er starb auf dieselbe Weise wie sein Elefant.

So endete der zwölfte Tag des Krieges. Auf beiden Seiten hatte es große Verluste gegeben.

28

Der Junge

Am nächsten Tag forderten die Überlebenden der Trigartas Arjuna noch einmal heraus. Sie waren durch eine Gruppe der Kaurava-Truppen verstärkt worden. Arjuna ärgerte sich zwar darüber, aber er konnte die Herausforderung nicht ablehnen, und so lockten ihn die Trigartas auf einen anderen Teil des Schlachtfeldes.

Drôna stellte seine Truppen in der undurchdringlichen Diskus-Schlachtordnung, der *Châkra-Vyuha*, auf. Die Pândavas hielten den Atem an, als sie dies sahen, denn von ihrer Seite war nur Arjuna in der Lage, in diese Formation einzudringen. Auf diese Weise war Yudhishthira in die Enge getrieben, denn wenn es ihm nicht gelang, eine Bresche in die Schlachtreihe zu schlagen, dann würden seine Krieger überwältigt werden. Dabei waren schon unermesslich viele getötet worden.

Abhimanyu trat vor: «Als ich im Schoß meiner Mutter lag», sagte er, «erklärte mein Vater eines Nachts meiner Mutter, wie man eine Bresche in die Diskus-Schlachtordnung schlagen könne. Ich habe alles gehört. Aber mein Vater hat nicht erklärt, wie man aus der Diskus-Formation entrinnen kann. Eine Bresche kann ich schlagen, nur kann ich nicht wieder zurück.»

Yudhishthira fügte hinzu: «Keine Sorge, mein Sohn, wir werden die Bresche offen halten.» Auf Abhimanyus jugendlichem Gesicht zeichnete sich Erleichterung ab.

Sie rückten zu dem in der Diskus-Schlachtordnung aufgestellten Heer vor und Abhimanyu schlug eine Bresche. Getreulich folgten die Pândavas und hielten die Bresche offen. Alles ging gut. Dann kam die zweite Schlachtreihe, die aus Jayadratha, dem Sindhu-König, und dessen Heer bestand. Abhimanyu marschierte voran. Aber die nachfolgenden Pândavas wurden von Jayadratha aufgehalten. Jayadratha war früher einmal von den Pândavas gedemütigt worden. Er suchte Rache. Ein Jahr lang hatte er in Askese gelebt. Gott Shiva hatte Gefallen an Jayadrathas Hingabe gefunden und ihm dafür die Gunst gewährt, zumindest einmal die Pândavas besiegen zu können. Nun wurde dieses Versprechen eingelöst. Jayadratha schlug die angreifenden Pândavas zurück.

Unterdessen kämpfte sich Abhimanyu mutig voran. Aber er wurde von den großen Kriegern Drôna, Kripa, Ashvatthâman, Duhshâsanas Sohn Lakshmana, Karna und Kritavarman angegriffen. Sie zerschlugen alle seine Bögen, töteten seinen Wagenlenker und seine Pferde. Mit dem Schwert in der Hand sprang Abhimanyu vom Wagen. Drôna trennte ihm mit einem Schlag die Klinge vom Heft. Da hob Abhimanyu verzweifelt ein Rad seines Wagens in die Höhe, aber die sechs Krieger zerschmetterten es in hundert Teile.

Abhimanyu

Abhimanyu packte eine Streitkeule. Jetzt griff ihn Lakshmana an und sie kämpften verbissen. Beide ermatteten, beide verloren die Besinnung. Lakshmana war zuerst wieder auf den Beinen. Er hatte schon mit seiner Keule ausgeholt, als Abhimanyu sich gerade auf-

richtete, und tötete ihn nun mit einem Schlag. Voller
Freude über diesen Tod tanzten die Krieger um die Leiche, wie Geier um ihre Beute kreisen. Sechs Krieger
freuten sich, dass ein sechzehn Jahre alter Junge durch
ihre Hand ums Leben gekommen war. Sie empfanden
weder Bedauern noch Scham. Sie frohlockten nur.

29

Der Eid

Es war schon spät, als Arjuna und Krishna ins Lager
zurückkehrten, wo alles still und leer war. Auf dem
Weg zum Zelt der Pândavas begegneten sie traurigen
Kriegern, die in Tränen ausbrachen, als sie die beiden
Vettern sahen.

Krishna und Arjuna wunderten sich, warum im Lager der Pândavas so große Trauer herrschte. Als sie den
Eingang des Zeltes zurückschlugen, blickten sie in traurige Gesichter. Da wurde Arjuna plötzlich unruhig.
Jetzt fiel ihm auf, dass ihn sein Sohn Abhimanyu nicht
begrüßt hatte. Er kam sonst jeden Tag herausgestürzt,
um seinen Vater zu sehen. Arjuna schaute in die Gesichter seiner Brüder, in jedes einzelne, aber niemand
sagte etwas. Schließlich sprach Sahadêva: «Arjuna, dein
Sohn Abhimanyu ist heute gestorben. Wir waren so
dumm, ihn in die Diskus-Schlachtordnung zu schicken.
Er wurde von Drôna, Karna, Ashvatthâman, Kripa, Kritavarman und Lakshmana getötet. Er starb einen ehrenvollen Tod.»

Arjuna verzehrte sich vor Zorn. «Ihr, meine eigenen
Brüder, seid verantwortlich für den Tod meines Sohnes.
Euch war doch bekannt, dass er nur wusste, wie man

in die Diskus-Schlachtreihen eindringt. Wie konntet ihr einen sechzehnjährigen Jungen dort hineinschicken? Du, Yudhishthira, du nennst dich selbst rechtschaffen, und doch klebt das Blut deines Neffen an deinen Händen.»

«Ich weiß, dass wir unbesonnen handelten», sagte Yudhishthira. «So töte mich, wenn du denkst, ich sei für seinen Tod verantwortlich.»

Bhîma mischte sich ein. «Zum Teil ist es unsere Schuld, ja. Aber eigentlich lag es an Jayadratha. Er blockierte die Bresche, die Abhimanyu geschlagen hatte und ließ uns nicht durch. Dadurch steckte der arme Junge innen fest und wusste nicht, wie er herauskommen konnte.»

Jetzt richtete sich Arjunas Zorn auf Jayadratha. «Ich schwöre, morgen werde ich den Mörder Jayadratha töten», schrie er, «und den Tod meines Sohnes Abhimanyu rächen. Wenn nicht, dann töte ich mich selbst.»

Arjuna und Krishna verließen das Zelt, um Subhadrâ und Uttarâ zu trösten. Auf dem Weg dorthin sagte Krishna: «Das war sehr voreilig von dir. Denn die Späher der Kauravas haben deinen Schwur gehört. Morgen werden sie Jayadratha beschützen. Es kann sein, dass du es nicht schaffst, ihn zu töten, und dann wirst du den Krieg verlieren.»

Drüben, im Lager der Kauravas, bekam Jayadratha es mit der Angst zu tun. Er überlegte sich bereits, in sein Königreich zurückzukehren. Aber Duryôdhana lachte nur und versprach, sein Leben zu schützen.

Arjuna und Krishna trösteten die weinende Subhadrâ und Uttarâ, die Abhimanyus Kind trug.

30

Sâtyaki

Am nächsten Morgen stellte Drôna sein Heer in einem dreifachen Ring auf. Arjuna bereitete sich darauf vor, seinen Schwur einzulösen. Aber es erwies sich bald, dass das keine leichte Aufgabe war. Zunächst ließ sich Arjuna auf einen Zweikampf mit Drôna ein. Aber die Zeit lief Arjuna davon. Also gab er den Kampf auf, bevor er beendet war, und beschied sich für den Augenblick mit einer Niederlage durch die Hand seines Lehrers. Als Nächstes wurde Arjuna von seinem Freund Kritavarman zu einem Zweikampf herausgefordert. Aber Kritavarman war bald erschöpft.

Danach wurde Arjuna von König Shrutâyudha angegriffen; er war schnell getötet. Shrutâyudha hatte von Varuna eine Streitkeule bekommen, die ihr Ziel immer sicher traf. Nur wenn die Keule gegen einen unbewaffneten Mann geschleudert wurde, machte sie kehrt und tötete ihren Besitzer. So geschah es mit Shrutâyudhas Keule. In einem Anfall von Wut schleuderte er die Keule gegen Krishna, der als Wagenlenker unbewaffnet war. Die Keule, die auf einen unbewaffneten Mann gerichtet war, machte kehrt, traf Shrutâyudha und tötete ihn.

Als Sudakshina dies sah, wurde er zornig und griff Arjuna an, der ihn tötete, indem er ihm mit einem scharfen Pfeil das Herz durchbohrte.

Arjuna musste noch zwei Krieger töten, bevor er den zweiten Ring erreicht hatte. Yudhishthira konnte das Banner nicht mehr sehen. Er schickte besorgt seinen Beschützer Sâtyaki aus, um nach Arjuna zu sehen.

Sâtyaki ging nur ungern von Yudhishthiras Seite, weil er ihn damit Drôna aussetzte, der versprochen hatte, Yudhishthira lebendig zu fangen. Er ließ sich aber schließlich von Yudhishthira überreden.

Es war ein Leichtes, durch den ersten Ring zu dringen, denn Arjuna hatte ihn bereits zerstört. Sâtyaki kämpfte gegen Drôna. Aber es war auch für Sâtyaki unmöglich, Drôna zu besiegen. Er tat darum dasselbe wie sein Lehrer Arjuna. Er gab auf, umkreiste Drôna, erwies dem großen Krieger seinen Respekt und zog weiter. Wütend folgte ihm Drôna. Aber Sâtyaki hatte einen guten Vorsprung, er vertrieb auch Karnas Truppen und griff nun Jalasandha an, den König des Südens. Er tötete ihn mit drei Pfeilen, die ihm Kopf und Arme abtrennten.

Jetzt eilte Sâtyaki voran, um seinen Vetter Kritavarman zu stellen. Zwischen beiden entbrannte ein wilder Kampf. Kritavarman traf Sâtyakis Wagenlenker, der das Bewusstsein verlor. Sâtyaki ließ sich jedoch nicht beeindrucken, sondern ergriff eher noch wütender mit einer Hand die Zügel seiner Pferde und focht mit der anderen weiter. Schließlich konnte er Kritavarman besiegen und bewegte sich weiter voran.

Unterdessen hatte der erzürnte Drôna Sâtyaki eingeholt. Gereizt erschoss Sâtyaki Drônas Wagenlenker und verwundete dessen Pferde. Sie brachen wild vor Schmerz aus und zerrten Drônas Streitwagen hinter sich her. Als Drôna seine Pferde beruhigt hatte, kehrte er auf seinen Posten in der Schlachtreihe zurück, um die Pândavas am Eindringen zu hindern.

Sâtyaki stürmte weiter durch die Reihen der Krieger und zerschlug das Heer der Kauravas, wie ein Mungo

Kritavarman und Sâtyaki

Schlangen tötet. Er brauste vorwärts wie ein rachsüchtiger Löwe. Heute war eindeutig Sâtyakis Tag. So hatten die Kauravas ihn noch nie gesehen. Sie staunten über seine Tapferkeit und seinen Mut.

Derweil hatte Yudhishthira Bhîma in die Schlacht geschickt, um Arjuna zu unterstützen. Karna stellte sich Bhîma in den Weg, und beide kämpften gegeneinander. Eine Zeit lang schien Bhîma die Oberhand zu behalten. Er zerschnitt die Sehnen von Karnas Bögen und zerschmetterte dessen Streitwagen. Als Duryôdhana Karnas Not sah, schickte er seine Brüder zu Hilfe. Auf Bhîmas Gesicht erschien ein Lächeln, und frohgemut tötete er die Söhne Dhritarâshtras. Bhîma tötete neun Kauravas und empfand dabei große Freude, denn er löste den Schwur ein, den er vor nahezu vierzehn Jahren abgelegt hatte. Nur um Vikarna tat es ihm Leid, den einzigen der Kauravas, der sich gegen die Entkleidung von Draupadî ausgesprochen hatte.

Als Karna sah, wie die Brüder seines Freundes starben, verlor er die Besinnung. Aber er kam bald wieder zu sich und nahm seine Stellung erneut ein. Dieses Mal besiegte Karna Bhîma, doch Karna erinnerte sich an das Versprechen, das er Kuntî gegeben hatte. Er beschränkte sich darauf, Bhîma mit Beleidigungen zu überschütten.

«Dein Platz ist in der Küche», spottete Karna, was Bhîma nur noch mehr erbitterte. «Du solltest für König Virâta das Essen zubereiten.»

Als Arjuna sah, auf welche Art Bhîma verhöhnt wurde, beschloss er, Karna endgültig zu erledigen. Aber ein Pfeil von Ashvatthâman lenkte Arjuna ab, und er musste sich dem Angriff von Ashvatthâman stellen, dem Sohn seines Weisen.

Arjuna griff Ashvatthâman an, während Sâtyaki von Bhûrishravas herausgefordert wurde. Zwischen Sâtyaki und Bhûrishravas bestand eine uralte Feindschaft. Vor langer Zeit war Shini, Sâtyakis Großvater, zur Bräutigamswahl von Dêvakî, Krishnas Mutter, gegangen. Er eroberte sie für seinen Freund und Vetter Vasudêva und wollte weggehen. Aber ein Kuru-König namens Sômadatta stellte sich ihm in den Weg. Es entbrannte ein Kampf, in dem Sômadatta von Shini besiegt wurde. Shini griff Sômadatta an den Haaren und stellte ihm seinen Fuß auf die Brust. Sômadatta war außer sich vor Zorn. Ihm wurde die Gunst gewährt, dass eines Tages einer seiner Söhne genau dies einem Nachfahren Shinis antun werde.

Diese alte Geschichte kam nun in der Hitze des Gefechts wieder auf. Sâtyaki war nach allem, was er an dem Tag vollbracht hatte, erschöpft und nicht mehr in der Lage, noch einen Kampf auf sich zu nehmen. Bhûrishravas nutzte das aus und hatte Sâtyaki schon bald so in die Enge getrieben, dass der aus purer Erschöpfung die Besinnung verlor. Nun tat Bhûrishravas Sâtyaki dasselbe an, was Shini vor vielen Jahren Sômadatta angetan hatte. Er stellte ihm seinen Fuß auf die Brust und packte ihn am Schopf. Bhûrishravas wollte Sâtyaki gerade erschlagen, da mischte sich Arjuna ein und schlug Bhûrishravas den rechten Arm ab. «Es tut mir Leid», entschuldigte sich Arjuna, «aber du hattest die Absicht, meinen Freund auf eine unrechte, grausame Art zu töten.» Der ältere Krieger winkte anerkennend mit seinem übrig gebliebenen Arm.

Bhûrishravas bereitete sich darauf vor, diese Welt zu verlassen. Er legte Kusha-Gras auf den Boden und setzte sich zum Meditieren. Er wollte seinen Körper mit Hilfe von Yoga-Übungen verlassen. Plötzlich sprang Sâtyaki auf, packte Bhûrishravas am Kopf und tötete ihn mit einem Streich seines Schwertes. Arjuna war wütend auf Sâtyaki, weil er Bhûrishravas getötet hatte, obwohl er sich schon ergeben hatte. Es war das einzige Ereignis, das einen Schatten auf Sâtyakis ansonsten untadeliges Leben warf.

31

Die List

Langsam, aber stetig sank die Sonne zum Horizont nieder. Krishna wies Arjuna darauf hin. «Sieh», sagte er, «die Sonne geht unter. Arjuna, du musst handeln, wenn du deinen Schwur erfüllen und Abhimanyus Tod rächen willst.»

Nach diesen mahnenden Worten wandte sich Arjuna direkt Jayadratha zu. Aber eine große Zahl von Kriegern beschützte den Sindhu-König. Zwar konnte Arjuna mit den Kriegern kurzen Prozess machen, aber die Sonne wäre untergegangen, bevor er sie alle besiegt hätte.

Da hatte Krishna eine grandiose Idee. Er bedeckte die Sonne mit seinem Kampfdiskus, sodass der Eindruck entstand, die Nacht wäre schon hereingebrochen. Das ganze Heer der Kauravas blickte nach oben. Karna, Drôna und der König frohlockten, weil sie dachten, ihre Taktik wäre erfolgreich gewesen. Aber ach, das war nicht der Fall. Denn in dem Moment, in dem Jayadratha seine Augen glücklich dem vermeintlich rettenden Sonnenuntergang zuwandte, sandte Arjuna einen Pfeil ab, der ihm den Kopf vom Leibe trennte.

Krishna riet Arjuna rasch, diesen Pfeil zum Samantapanchaka-Wald weiter zu schießen, wo Jayadrathas Vater seine Abendgebete verrichtete. Arjuna tat wie geheißen. Der Kopf landete auf dem Schoß des alten Königs. Nachdem der König seine Gebete beendet hatte, erhob er sich, ohne den Kopf auf seinem Schoß bemerkt zu haben. Er fiel hinunter, und in dem Augenblick, in dem er den Boden berührt hatte, zerplatzte der Kopf von Jayadrathas Vater.

Während die Umstehenden verblüfft zuschauten,

rief Krishna seinen göttlichen Kampfdiskus zurück und die Sonne glühte noch einige Minuten in letzter Pracht, bevor sie tatsächlich unterging.

32

Der nächtliche Kampf

Auf dem Rückweg zu den Schlachtreihen der Pândavas fragte Arjuna, wie es zu diesem seltsamen Vorfall kommen konnte. Krishna antwortete: «Vor langer Zeit war Jayadrathas Vater eine Gunst gewährt worden. Wer verursachte, dass Jayadrathas Kopf zu Boden fiel, dessen Kopf sollte in tausend Teile zerplatzen. Deshalb habe ich dir gesagt, du sollst den Pfeil auf den Wald richten. Da der Kopf nun durch Jayadrathas Vater zu Boden fiel, musste dieser sterben.»

Duryôdhana war äußerst unglücklich. Er machte Drôna Vorwürfe, weil er Arjuna und Sâtyaki in die Schlachtreihen hatte eindringen lassen. Da legte Drôna den großen Schwur ab, er werde seine Rüstung erst wieder ablegen, wenn er alle Feinde von Duryôdhana getötet habe.

Zwischen Duryôdhana und Yudhishthira spielte sich ein erbitterter Zweikampf ab. Jeder schien es darauf anzulegen, den anderen zu vernichten. Noch nie hatte jemand die beiden so ausgezeichnet kämpfen sehen. In der Hitze des Gefechts hätte man sie leicht für Karna und Arjuna halten können. Drôna unterbrach den Zweikampf und eröffnete wieder die allgemeine Schlacht. Aber je weiter die Nacht voranschritt, desto dunkler wurde es. Trotzdem focht Drôna mit frischen Kräften.

Ghatôtkachas Zaubertechniken

Es schien, als wollte er mit den Truppen der Pândavas kurzen Prozess machen.

Auch Bhîma war offenbar auf Vernichtung aus, denn in jener Nacht tötete er die Kauravas in hellen Scharen und Ghatôtkacha, Bhîmas dämonischer Sohn, richtete verheerenden Schaden an. Er und sein Trupp Dämonen wandten Zaubertechniken an, deren Kräfte sie in der Nacht verzehnfachen konnten. Als Duryôdhana mit ansehen musste, wie die Dämonen seine erschöpften Truppen auslöschten, fühlte er sich elend. Ashvatthâman sah seinen Freund leiden und trat mutig vor, um Ghatôtkacha niederzuzwingen. Ghatôtkacha versuchte Ashvatthâman mit seinen Zaubertechniken zu beeindrucken, doch ohne Erfolg. Ashvatthâman zuckte nicht einmal mit der Wimper, als er die erstaunlichen Dinge zu sehen bekam, die Ghatôtkacha mit seinen besonderen Kräften zu Stande brachte. Also griff Ghatôtkacha wieder zu Pfeil und Bogen, um Ashvatthâman zu bekämpfen. Als es aussah, als ob der Dämon in Schwierigkeiten geriet, griff er wieder auf seine Zaubertechniken zurück. Aber diesmal erwischte ihn Ashvatthâman, und Ghatôtkacha verlor die Besinnung.

Unterdessen griff Shakuni die Pândavas in ihren Schlachtreihen an. Bhîma und der große alte Krieger Bâhlîka kämpften gegeneinander. Bâhlîka war ein uralter Kuru-Monarch, der sogar noch älter war als Bhîshma. An jenem Tag hatte er seine Enkel Shala und Bhûrishravas verloren. Darum war er auf Kriegspfad. Zwar war Bâhlîka ein sehr alter Mann, aber er war aus hartem Holz geschnitzt, und er war wie besessen vor Zorn und kämpfte hitzig. Am Ende wurde er von dem erschöpften Bhîma mit einem mächtigen Keulenschlag umgebracht.

Jetzt waren Ashvatthâman und Dhrishtadyumna in einen Zweikampf verwickelt. Jeder legte es darauf an, den anderen zu töten. Ashvatthâman dachte, er könnte dem Vater sein Schicksal ersparen, indem er Dhrishtadyumna tötete.

Dhrishtadyumna wollte beide, Vater und Sohn, erledigen. Aber sie tauschten mehr Beleidigungen aus als Schläge. Schließlich gelang es Ashvatthâman, Dhrishtadyumna zu besiegen, indem er ihm die Sehne des Bogens zerschnitt und den Streitwagen zerschmetterte.

Yudhishthira kämpfte gegen Duryôdhana. Um Yudhishthira zu retten, forderte Bhîma Duryôdhana so zum Kampf heraus, dass dieser nicht ablehnen konnte. Drôna schloss sich dem allgemeinen Kampf gegen Yudhishthira an und schleuderte die göttliche Vasu-Waffe auf den ältesten Pândava. Aber Yudhishthira wehrte sich mit derselben göttlichen Waffe. Daraufhin riet Krishna Yudhishthira, er solle von Drôna ablassen und stattdessen Duryôdhana herausfordern.

33

Rache

Es war nun sehr dunkel. Die Krieger fingen an, ihre Kameraden mit den Feinden zu verwechseln. Um das zu vermeiden, befahl Drôna seinen Truppen, Fackeln zu tragen. Die Pândavas taten dasselbe und das Schlachtfeld wurde vom Schein der Fackeln erleuchtet. Zwischen einzelnen Kriegern fanden großartige Kämpfe statt. Es war kein Geräusch zu hören, das sie hätte stören können, kein Sirren von Pfeilen, kein Erklingen von Mantras beim Freisetzen von göttlichen Waffen, keine wütenden Schlachtrufe und kein Rattern von Wagenrädern, die sich in die Erde gruben.

Karna und Sahadêva kämpften gegeneinander. Sahadêva schleuderte seine Keule gegen Karna. Aber Karna wehrte sie mit Leichtigkeit ab. Da Sahadêva nun keine Waffe mehr hatte, ergriff er die einzige Möglichkeit, die ihm blieb. Er packte sein Wagenrad und schmetterte es mit aller Wucht Richtung Karna. Aber Karna zerstörte es mit einem einzigen Pfeil. Jetzt war Sahadêva Karna ausgeliefert. «Das ist das Ende», dachte er. «Jetzt wird Karna mich töten.»

Aber Karna erinnerte sich an das Versprechen, das er Kuntî gegeben hatte. Er berührte Sahadêva mit der Spitze seines Bogens und sagte: «Kämpfe mit deinesgleichen, Knabe! Warum gehst du nicht nach vorne zu deinem Bruder Arjuna? Er ist ein besserer Krieger als du.» Verwirrt machte sich Sahadêva davon und wunderte sich, dass Karna ihn nicht getötet hatte.

Unterdessen hatte Sâtyaki einen weiteren König getötet. Bhîma hatte Duryôdhana zurückgeschlagen und Ghatôtkacha kämpfte wild. Er und sein Gefolge von Dämonen waren daran, die Kauravas zu erledigen. Beunruhigt schickte Duryôdhana Karna aus, der es mit Ghatôtkacha aufnehmen sollte. Zwischen beiden ent-

Ghatôtkacha

brannte ein erbitterter Kampf. Der Sohn des Jatâsura bot sich Duryôdhana als Hilfe an, um den Tod seines Vaters zu rächen, den Ghatôtkacha eben getötet hatte. Duryôdhana nahm diese Hilfe gerne an. Jatâsuras Sohn löste Karna ab.

Beide Dämonen setzten Zaubertechniken ein. Grimmig kämpfte Jatâsuras Sohn und setzte gemeinsam mit seinen Dämonen dem Heer der Pândavas übel zu. Dann fochten Ghatôtkacha und Jatâsuras Sohn einen Zweikampf aus, bei dem aber Jatâsuras Sohn schon bald seinen Streitwagen verlor. Daraufhin verwickelte er Ghatôtkacha in einen Kampf von Mann zu Mann. Er dauerte sehr lange, bis Ghatôtkacha befand, sein Gegner habe nun lange genug gelebt. Ghatôtkacha sprang hoch in die Luft, kam in rasender Geschwindigkeit wieder herunter und schlug mit einem Streich seines Schwertes Jatâsuras Sohn den Kopf ab. Leblos taumelte der Rumpf zu Boden.

Den Kopf trug Ghatôtkacha zu Duryôdhanas Wagen. Höhnisch lächelnd sagte er: «Die Sitte verlangt, dass man einen König niemals ohne ein Geschenk besucht. O König, dies ist mein Geschenk für dich.» Und er legte den Kopf in den Wagen. Duryôdhana zitterte vor Furcht.

In diesem Augenblick näherte sich ein Dämon Duryôdhana und sagte: «Bhîma hat alle meine Verwandten getötet – Baka, Kirmîra und Hidimba. Jetzt will ich Rache nehmen, indem ich erst seinen Sohn und dann ihn töte.»

Es hätte für die Kauravas kaum einen besseren Zeitpunkt für Alâyudhas Eingreifen in die Schlacht geben können. Dankbar nahm Duryôdhana seine Hilfe an. Ghatôtkacha kämpfte gerade gegen Karna, nun für kurze Zeit gegen Alâyudha. Bhîma kam seinem Sohn zu Hilfe und bedrängte Alâyudha. Ghatôtkacha wandte dem Rächer seines Onkels Hidimba den Rücken zu und nahm wieder den Kampf gegen Karna auf.

Unterdessen hatte Alâyudhas Heer große Verwüstung in den Reihen der Pândavas angerichtet. Bhîma lief allmählich Gefahr, Alâyudha zu unterliegen. Als die Pândavas sahen, dass Bhîma in Bedrängnis war, baten sie Ghatôtkacha, seinem Vater zu helfen. Ghatôtkacha ließ von Karna ab. Die Pândavas verwickelten Karna in einen allgemeinen Kampf. Wie zuvor stürzte Ghatôtkacha von oben herab und schlug Alâyudha den Kopf ab.

34

Ghatôtkacha und die Indra-Waffe

Karna und Ghatôtkacha nahmen ihren unterbrochenen Kampf wieder auf. Erneut griff Ghatôtkacha auf eine List zurück. Er wich Karnas göttlichen Waffen aus, indem er entweder eine andere Gestalt annahm oder seine Zaubertechniken einsetzte. Rings um Karna waren verzweifelte Kaurava-Krieger, aufgespießt von Ghatôtkachas Dämonentruppe. «Karna, rette uns», hauchten sie, «benutze Indras Waffe.»

Karna biss sich auf die Lippen. Er hatte die göttliche Waffe im unvermeidlichen Kampf gegen Arjuna einsetzen wollen. Aber dann stand ihm das Bild der gequälten Krieger vor Augen, und er murmelte den Zauberspruch für die Waffe und setzte sie frei. Sie traf sofort ins Ziel. Selbst im Augenblick seines Sterbens vergaß Ghatôtkacha seine Verpflichtung den Pândavas gegenüber nicht. Noch wirkte der Zauber in ihm, und er konnte sich zu gewaltiger Größe aufblähen, bevor er niederschlug und eine ganze Heereseinheit der Kauravas unter sich begrub.

Bhîma war erschüttert. Er mochte nicht glauben, dass sein mutiger Sohn Ghatôtkacha so schnell getötet werden konnte. Auch Yudhishthira war außer sich, vollkommen fassungslos. Gemeinsam weinten sie um Ghatôtkacha, der Alâyudha erledigt hatte. Selbst Bhîma wäre ihm nicht gewachsen gewesen. Auch Arjuna war untröstlich.

In diesem unpassenden Augenblick sprang Krishna von seinem Wagen und fing an, vor Freude zu tanzen. Die Pândavas starrten ihn empört an. Doch Krishna rannte auf Arjuna zu und umarmte ihn.

Schließlich sagte Yudhishthira: «Was soll das, Krishna? Unser geliebter Ghatôtkacha ist gestorben, und du tanzt und umarmst Arjuna?»

Krishna erwiderte: «Von Beginn dieses Krieges an wusste ich, dass Arjuna, wie gewaltig er auch sein mochte, gegen Karna keine Chance haben würde. Karna hatte nicht nur seine Ohrringe und sein Panzerhemd, die ihn vor dem Tode schützten, sondern er war auch von dem großen Parashurâma ausgebildet worden. Indra hat ihm die Rüstung zwar weggenommen, um Arjuna zu beschützen, musste Karna dafür die Indra-Waffe geben, eine Waffe, die Arjuna leicht töten konnte. Aber Indra hatte Karna gesagt, dass er diese Waffe nur einmal einsetzen dürfe. Jetzt hat er sie gegen Ghatôtkacha eingesetzt und kann Arjuna nichts mehr anhaben.»

Die Pândavas fanden wenig Trost in dieser Geschichte. Sie trauerten immer noch um Ghatôtkacha. Yudhishthira brannte vor Wut auf Karna, weil er Ghatôtkacha getötet hatte, und wollte sich auf ihn stürzen. Aber Vyâsa hinderte ihn daran und sagte, Yudhishthira solle zu seinen Truppen zurückkehren.

35

Der Tod
des Brahmanen

Die Krieger waren sehr müde. Seit dem Morgengrauen hatten sie gekämpft. Die meisten schliefen ein. Arjuna merkte, in welch schlechtem Zustand die Truppen waren. Er schlug Duryôdhana vor, dass die beiden Heere jetzt schlafen sollten, um die Schlacht nach dem Erwachen wieder aufzunehmen. Sein Vorschlag wurde angenommen. Die Krieger schliefen ein, wo sie gerade standen.

Drei Viertel der Nacht waren kaum vorüber, als die beiden Heere aufwachten. Über das Schlachtfeld hallten bereits die Geräusche von Kriegern, die sich auf den Kampf vorbereiteten. Allmählich erhob sich die Sonne von ihrem Schlummer und erlöste den Mond. Ein rötlicher Schimmer färbte den Himmel, als wäre auch dort gekämpft worden und das Blut der Verwundeten hätte die Wolken verfärbt.

Alle begrüßten die warmen Sonnenstrahlen.

Mit frischen Kräften wurden die Kämpfe erneut aufgenommen. Duryôdhana beschimpfte Drôna wieder und beschuldigte ihn, für die Pândavas Partei zu ergreifen. Drôna war sehr zornig darüber. Er ließ sich Duryôdhanas ganzes Leben durch den Kopf gehen, kein Leben, auf das ein Mann stolz sein konnte. Entrüstet wandte er sich von Duryôdhana ab. Er hatte genug vom

Krieg. Jetzt kehrte er sich seinem Heer zu und teilte es in zwei Teile, eine linke und eine rechte Abteilung.

Krishna lenkte Arjunas Wagen gegen den linken Flügel. Sie kämpften gegen vier große Kaurava-Helden, die gegen Arjuna keine Chance hatten.

Unterdessen focht Drôna im nördlichen Teil des Schlachtfeldes. Er kämpfte gegen Dhrishtadyumnas drei Söhne. Drôna tötete sie schnell. Draupada, der zuschauen musste, wie seine Enkel starben, stürzte sich Hals über Kopf auf Drôna. Er wollte den Tod seiner Enkelsöhne rächen. Virâta kam Draupada zu Hilfe. Aber beide waren dem Brahmanen nicht gewachsen. In kurzer Zeit schon endeten auch sie im Reich Yamas. Dhrishtadyumna heulte auf vor Zorn, als er das sah. Während er Drôna angriff, leistete er einen großen Schwur: «Ich schwöre», sagte er, «dass Drôna getötet sein wird, bevor dieser Tag zu Ende geht. Ich verspreche, dass ich den Zweck erfüllen werde, zu dem ich geboren bin.»

Sobald die Pândavas von diesem Schwur erfuhren, eilten sie Dhrishtadyumna zu Hilfe. Die Kauravas schützten Drôna. Weder die Pândavas noch Dhrishtadyumna konnten zu Drôna vordringen.

Endlich hatte Bhîma eine glänzende Idee. «Es gibt nur eine Art, Drôna zu töten: Man muss ihm sagen, dass sein Sohn Ashvatthâman tot ist», sagte er. Den Pândavas gefiel der Plan nicht, aber es war die einzige Lösung. Also tötete Bhîma einen Elefanten, der Ashvatthâman hieß.

Bedrückt trat Bhîma vor Drôna und sagte: «Verehrter Lehrer, Ashvatthâman ist tot.» Drôna verstand erst gar nicht, was diese Worte zu bedeuten hatten. In der

Zeit, die verstrich, bis er das Gehörte begriffen hatte, schickte er zwanzigtausend Krieger in den Tod. Dann war die Botschaft zu ihm durchgedrungen. Er war entsetzt. Es war ihm unmöglich zu glauben, dass Ashvatthâman, sein Sohn, getötet werden konnte.

Ohne dass die anderen etwas sahen, erschienen die Weisen des Himmels, angeführt von Drônas Vater Bharadvâjan. Er sagte: «Mein Sohn, es ist Zeit, dass du dich zu uns gesellst. Du hast deine Pflicht erfüllt.» Und damit verschwanden sie wieder.

Voller Verzweiflung fragte Drôna Yudhishthira: «Yudhishthira, du lügst nie. Sag mir die Wahrheit. Ist mein Sohn Ashvatthâman wirklich tot?»

Yudhishthira schluckte. Er hatte geahnt, dass diese Frage kommen würde, aber gleichzeitig gewünscht, sie käme nicht. Mit sanfter Stimme sagte er: «Ja, Ashvatthâman ist tot.» Und dann flüsterte er so leise, dass es niemand hören konnte: «Ashvatthâman, der Elefant.» Bis zu der Stunde hatte Yudhishthira noch niemals eine Lüge ausgesprochen. Jetzt, da er gelogen hatte, senkte sich sein Wagen auf die Höhe der anderen Wagen hinunter. Er hatte zuvor immer vier Zoll über dem Boden geschwebt. Yudhishthiras Dharma, seine Rechtschaffenheit, hatte bis jetzt seinen Wagen so lange in der Schwebe gehalten, bis Yudhishthira seine erste Unwahrheit gesagt hatte.

Da brach Drôna zusammen. Sein Sohn war tot. Ja, die Weisen, die meinten, er solle sich zu ihnen gesellen, hatten Recht. Drôna nahm eine Yoga-Stellung ein und bereitete sich darauf vor, seinen Körper zu verlassen. Dhrishtadyumna nutzte die Gelegenheit, den Tod seiner Brüder, seiner Söhne und seines Vaters zu rächen.

Mit einer schnellen Bewegung schlug er Drôna mit

dem Schwert den Kopf ab, ohne auf Arjunas Bitten zu hören, den großen Lehrer zu schonen.

Dann erschien zum Zeichen, dass Drônas Seele ihren Platz im Himmel eingenommen hatte, ein helles Licht, das außer Sanjaya auch Kripa, Yudhishthira und Krishna sahen.

36

Göttliche Waffen

Im selben Augenblick erfuhr Ashvatthâman von seinem Onkel Kripa, dass sein Vater tot war. Außer sich vor Zorn über die Art und Weise, wie sein Vater ums Leben gekommen war, griff er nach seinem Bogen und erweckte frischen Mut in den Herzen der Kaurava-Krieger. Ashvatthâman führte sie aufs Schlachtfeld.

Die Pândavas sahen, wie er mit vor Zorn zerfurchtem Gesicht auf sie zukam. Sie hörten vom großen Schwur, den er getan hatte, die Mörder seines Vaters, Yudhishthira und Dhrishtadyumna, zu töten.

Als Arjuna den Sohn des großen Drôna vorrücken sah, sagte er: «Ashvatthâman kommt, um den Tod seines Vaters zu rächen. Er brennt vor Zorn und wird uns sicher töten. Dhrishtadyumna, ich habe versucht, dich davon abzuhalten, ihn zu töten, und nun wirst du ernten, was du gesät hast.» Er stellte sich vor Dhrishtadyumna und Yudhishthira. «Ich denke», fuhr er fort, «dass alles andere besser gewesen wäre, als den Mann zu töten, der zu uns wie ein Vater gewesen ist. Wir hätten im Wald bleiben sollen. Jetzt haben wir so viel Leid und Trauer gebracht – nicht nur anderen, sondern auch uns selbst.»

Die Pândavas und ihre Freunde, die sich im Zelt versammelt hatten, waren einen Augenblick lang still. Dann brach Dhrishtadyumna das Schweigen. «Ich habe Drôna getötet, ja. Aber damit habe ich den Tod tausender verhindert, die von seiner Hand gestorben wären. Es war ein Vergehen, ihn zu töten. Aber die Art und Weise, wie du Jayadratha getötet hast, war auch nicht redlich.»

Sâtyaki zürnte, als er hörte, wie Arjuna beleidigt wurde. «Wie kannst du es wagen, meinen Lehrer so zu beleidigen? Du, dessen Hände vom Mord an Drôna blutbefleckt sind!» Dhrishtadyumna antwortete: «Ja, ja. Und das sagst gerade du? Wieso denkst du nicht erst einmal daran, wie du Bhûrishravas getötet hast? Hast du dich da nicht ebenso schändlich verhalten, wie ich es getan haben soll, als ich Drôna tötete?» Sâtyaki stürzte sich mit der Keule in der Hand auf Dhrishtadyumna und wollte ihn töten. Bhîma sprang dazwischen, zerrte Sâtyaki weg und verhinderte so den Mord an Dhrishtadyumna.

Sahadêva, der Friedensstifter unter den Pândavas, sagte zu den beiden: «Ihr beide seid unverzichtbar in diesem Krieg. Also wollen wir bitte Drônas Tod beiseite lassen und uns Ashvatthâman entgegenstellen.»

In dem Augenblick ließ Ashvatthâman die Nârâyana-Waffe los, eine der tödlichsten göttlichen Waffen. Überall am Himmel schwirrten glänzende Kampfdiskusse und Waffen aller Art. Um der drohenden Gefahr zu entrinnen, warfen sich alle Pândavas zu Boden. Duryôdhana freute sich über Ashvatthâmans Erfolg. Er bat ihn, die göttliche Waffe noch einmal freizusetzen. Aber Ashvatthâman erwiderte, dass die Nârâyana-Waffe nicht zurückgerufen werden könne.

Ashvatthâman entdeckte Dhrishtadyumna in der Menge der Krieger und stürzte vor, um seinen Schwur zu halten. Zwischen beiden entbrannte ein heftiger Kampf. Ashvatthâman war klar überlegen. Als Arjuna sah, dass der wütende Ashvatthâman Dhrishtadyumna fest im Griff hatte, eilte er Dhrishtadyumna zu Hilfe. Arjuna forderte Ashvatthâman heraus, der nicht ablehnen konnte.

Der Kampf dauerte lange. Ashvatthâman wollte den Kampf gegen den Mörder seines Vaters weiterführen. Also griff er Arjuna mit seiner göttlichen Agni-Waffe an. Das Pândava-Heer verbrannte qualvoll in der Hitze dieser Agni-Waffe. Arjuna setzte die göttliche Brahma-Waffe entgegen. Damit war der Kampf vorbei. Ashvatthâman war erschüttert, dass seine göttlichen Waffen sich so leicht zerstören ließen. Später traf er Vyâsa und fragte ihn, warum seine göttlichen Waffen versagt hätten. «Das lag daran, dass du die Waffen gegen Arjuna und Krishna, die Wiedergeburten von Nara und Nârâyana, eingesetzt hast. Diese göttlichen Wesen können von den Waffen, die ihnen gehören, weder in diesem Leben noch in einem anderen verwundet werden.»

Die Sonne ging unter und beendete den fünfzehnten Kriegstag.

37

Der sechzehnte Tag

Am nächsten Morgen wurde Karna zum Oberbefehlshaber der Kaurava-Streitkräfte ernannt. Der sechzehnte Tag verlief im Vergleich zu den erbarmungslosen Kämpfen des Vortags unnatürlich ruhig. Die Streitkräfte der Pândavas wurden in der Form eines

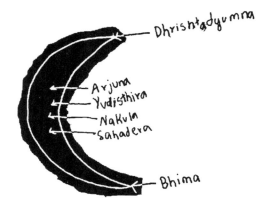

Die Halbmond-Formation

Halbmondes aufgestellt. Bhîma schützte die eine Spitze, die andere wurde vom Befehlshaber des Pândava-Heeres, Dhrishtadyumna, abgeschirmt. Arjuna, Yudhishthira, Nakula und Sahadêva bildeten die Mitte.

Karna hatte das Kaurava-Heer in der eindrucksvollen Krokodil–Schlachtordnung angeordnet. Er selbst stand für das Maul, Shakuni und sein Sohn Ulûka bildeten die Augen. Ashvatthâman wurde im Kopf aufgestellt, Kripa, Kritavarman, Sushêna (einer von Karnas Söhnen) und Shalya bildeten die Beine. Hals und Schwanz übernahmen die Kaurava-Brüder.

Es kam zu einem Zweikampf zwischen Nakula und Karna. Karna besiegte Nakula und beleidigte ihn auf dieselbe Art wie Sahadêva, indem er sich weigerte, ihn zu töten. Sâtyaki tötete die Kêkaya-Brüder, die an der Seite der Kauravas kämpften. Auch Bhîma tötete einen der Könige und traf im Zweikampf auf Ashvatthâman.

So endete der sechzehnte Tag des Krieges.

38

Shalya, der Wagenlenker

Der siebzehnte Tag brach an. Duryôdhana wusste, dass Karna sich mit Arjuna schlagen würde. Das hatten sie in der vergangenen Nacht entschieden. Um den Sieg seines Freundes sicherzustellen, bat Duryôdhana Shalya, die Zügel von Karnas Pferden zu halten. Shalya war Krishna als Wagenlenker ebenbürtig. Zunächst war Shalya wütend: «Was? Du erwartest von mir, dass ich die Zügel eines Sûtaputras lenke? Es sollte genau umgekehrt sein!» Aber schließlich willigte er ein, Karnas Wagenlenker zu sein.

Karna und Shalya machten sich auf den Weg zum Schlachtfeld. Karna war in wilder und Furcht erregender Stimmung. Shalya ergriff die Gelegenheit, das Versprechen einzuhalten, das er Yudhishthira gegeben hatte, als er überlistet worden war, sich Duryôdhana anzuschließen. Er ließ Bemerkungen fallen, in denen er die Größe der Pândavas herausstrich. Diese spöttischen Anspielungen entmutigten Karna. Aber er wusste, worauf Shalya hinaus wollte. Also sagte er: «Es gelingt dir gut, mir Angst einzujagen. Ja, ich weiß, dass die Pândavas mächtig sind, und dass ich heute aus Arjunas Händen den Tod empfangen werde. Aber es wird auch mein glücklichster Tag sein. Wenn ich Arjuna töte, dann wird mich alle Welt kennen. Und wenn ich sterbe, dann sterbe ich für meinen Freund Duryôdhana und gelange dadurch in den Himmel.»

Zunächst traf Karna auf Yudhishthira. Er focht mit großer Leidenschaft, zerschnitt Yudhishthiras Bogen und zerstörte dann mit nur zwei Pfeilen den Speer, den dieser auf ihn schleuderte. Sâtyaki und die anderen Helden, die dem ältesten der Pândavas zu Hilfe kamen, wurden zurückgeschlagen.

Karna zerschmetterte Yudhishthiras Rüstung. Blut strömte aus Yudhishthiras Körper. Und doch schleuderte er noch vier Speere auf Karna. Aber dieser zerbrach sie alle, und nun war Yudhishthira ihm auf Gedeih und Verderb ausgeliefert. Karna konnte den Anblick seines blutenden Bruders nicht ertragen. Er demütigte ihn ähnlich, wie er das mit Nakula, Sahadêva und Bhîma getan hatte. Es war das letzte Mal, dass er einen seiner Brüder beschämte.

Das Heer der Pândavas wurde so sehr von Karna bedrängt, dass Bhîma und die anderen dem Angriff nicht standhalten konnten. Bhîma hatte gehört, wie Karna Yudhishthira beleidigt hatte. Mit Zorn im Herzen stürzte er sich auf Karna. Er war noch wütender als an dem Tag, an dem Ghatôtkacha gestorben war. Shalya warnte Karna vor dieser drohenden Gefahr. Aber Karna begegnete Bhîma nur mit einem Lächeln um die Lippen. Bhîma wollte, dass Karna für die Demütigungen an Yudhishthira bluten musste. Aber Shalya hinderte ihn daran.

Karna wollte den Kampf mit seinem jüngeren Bruder fortsetzen. Duryôdhana durchschaute den Plan Karnas und schickte einige seiner Brüder, die seinem besten Freund beistehen sollten. Bhîma sah aus, als bekäme er sein Lieblingsessen aufgetischt. Im Nu tötete er alle. Einige Verbündete der Pândavas kamen ihm zu Hilfe und eine allgemeine Schlacht entwickelte sich.

Unterdessen kämpfte Arjuna mit den Samshaptakas, die ihm seit Beginn des Krieges zu schaffen gemacht hatten. Susharman, der König der Trigartas und Befehlshaber der Samshaptakas, war bald geschlagen. Arjuna musste sich nun mit Ashvatthâman auseinander setzen. Mit einigen göttlichen Waffen erledigte er ihn und verwundete seine Pferde, die in Todesangst über das Schlachtfeld rasten.

Danach griff Arjuna den König von Magadha und dessen Bruder an. In kurzer Zeit lagen beide tot da. Erneut waren Karna und Yudhishthira in einen Zweikampf verwickelt. Karna verwundete Yudhishthira so schwer, dass dieser sich in sein Zelt zurückziehen musste.

Als Arjuna zu den Schlachtreihen zurückkehrte, konnte er seinen ältesten Bruder nirgends entdecken. Er erfuhr, dass Yudhishthira ernsthaft verwundet war und sich in sein Zelt zurückgezogen hatte. Yudhishthira zeigte sich enttäuscht, dass Arjuna ohne das Blut Karnas an den Händen zu ihm kam.

Wild entschlossen, Karna zu töten, trat Arjuna aus Yudhishthiras Zelt. Er und Karna eilten mit der Absicht aufeinander zu, einander umzubringen. Shalya war ergriffen vor Bewunderung für Karna. Tief beeindruckt beobachtete er, wie Karna sich dem Tod stellte. Aber zur Enttäuschung der beiden Feinde wurde aus ihrem Zweikampf bald eine allgemeine Schlacht.

39

Duhshâsanas Tod

Zwischen Bhîma und Duhshâsana fand ein Zweikampf statt. Während ihres Kampfes führten sie ein Gespräch. Duhshâsana behauptete, er erinnere sich an alles, was seit der Flucht der Pândavas aus dem Haus

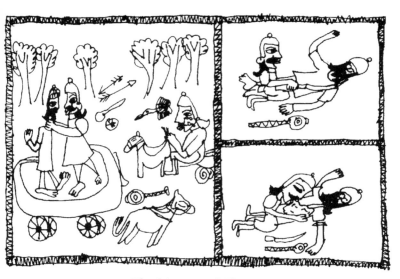

Dhushâsana und Bhîma

mit den lackierten Wänden geschehen war. Aber das
Wichtigste hatte er vergessen, Bhîmas Schwur, das Blut
Duhshâsanas zu trinken.

Duhshâsana zerbrach Bhîmas Bogen. Das stachelte
Bhîma dermaßen auf, dass er vom Wagen hinabsprang
und Duhshâsanas Pferde mit einem Schlag seiner Keule tötete. Nun erklomm er Duhshâsanas Wagen und
warf ihn zu Boden. Er schlug seinem Vetter die Hand
ab und schrie hinaus: «Seht her, jetzt wird Draupadîs
Schwur erfüllt. Hier liegt die abgeschlagene Hand des
Mannes, der es wagte, ihr Haar zu berühren. Und seht
her, wie ich jetzt den Schwur erfülle, den ich geleistet
habe!»

Mit diesen Worten riss Bhîma die Brust seines Vetters auf und trank von dem Blut, das in Strömen he-
rausschoss. Die Krieger, die Zeugen dieser unmensch-

lichen Tat wurden, waren entsetzt. Aber Bhîma war glücklich, denn er hatte den Schwur erfüllt, den er vor Jahren, am Ende des Würfelspiels, getan hatte.

Nun wurde nach Draupadî geschickt. Mit wehenden Haaren rannte sie zur Leiche von Duhshâsana und wusch ihr Haar im Strom von Blut, der vorbeifloss. Jetzt hatte auch sie ihren Schwur erfüllt.

Karna war indessen vollkommen verstört. Sein einziger überlebender Sohn Vrishasêna war vor seinen Augen von Arjuna getötet worden. Tränen füllten seine Augen und liefen ihm die Wangen hinunter, als Karna sich Arjuna näherte, um den unvermeidlichen Zweikampf aufzunehmen.

Shalya fühlte mit Karna. Er schwor: «Wenn du in diesem Kampf fällst, Karna, dann werde ich dich rächen oder ich sterbe beim Versuch, es zu tun.» Über diese Worte freute sich Karna. Aber bevor er etwas sagen konnte, kam Arjunas Streitwagen herangefahren.

40

Der Zweikampf

Im Himmel versammelten sich die Götter, um diesen Kampf zu beobachten. Am liebsten hätten ihn Sûrya und Indra an Stelle ihrer Söhne geführt. Er begann verhalten. Karna zerschnitt die Sehne von Arjunas Gândiva-Bogen. Mit einem Lächeln im Gesicht spannte Arjuna sie erneut. Wieder zerschnitt sie Karna, aber im Nu hatte Arjuna neu gespannt. Dies geschah elf Mal, und dann richtete Arjuna seine göttlichen Waffen gegen Karna. Karna setzte Arjunas Feuer-Waffe Agni sofort seine Wasser-Waffe Varuna entgegen. Schwarze

Wolken zogen auf und in der Ferne grollte Donner. Die Krieger beider Heere schauten zum Himmel empor und erwarteten Regen. Aber Arjuna blies die Wolken mit der Wind-Waffe Vâyu davon. Dann schickte er die Indra-Waffe hinterher, die das feindliche Lager unaufhörlich mit Pfeilen beschoss. Das machte Karna wütend. Er setzte die tödliche Waffe, die er von Parashurâma persönlich erhalten hatte, dagegen. Sie vernichtete alle Pfeile, die der Gegner abschoss.

Auf Drängen Krishnas setzte Arjuna jetzt die Brahma-Waffe ein. Pfeile stürzten wie Regentropfen vom Himmel, aber die Waffe ließ Karna unbehelligt. Karna schoss tausende von Pfeilen auf Arjuna. Sie verwundeten Arjuna, der Karna im Gegenzug mit einem Schauer von Pfeilen überzog.

Das Heer der Kauravas versank in düstere Stimmung, alle dachten, ihr Befehlshaber wäre tot. Aber Karna schüttelte die Pfeile ab und erwies sich damit als würdiger Gegner Arjunas. Yudhishthira hörte vom Kampf und ging hin um zuzuschauen. Endlich würde er über Karnas Niederlage triumphieren können.

Karna schoss fünf Schlangenpfeile auf Krishna. Dieser Angriff auf seinen Wagenlenker erzürnte Arjuna. Karna wollte Arjuna ein für alle Mal erledigen. Er richtete seine tödlichste Waffe, die Nâga-Waffe, auf Arjuna. Verbittert dachte er an die Shakti, die Indra-Waffe. Hätte er sie bloß noch besessen. Aber jetzt war nicht der richtige Zeitpunkt, daran zu denken. Karna setzte die Nâga-Waffe frei. Krishna sah das herbeifliegende Geschoss und ließ die Pferde in die Knie gehen, sodass die Waffe Arjuna verfehlte. Sie traf nur Arjunas mit Juwelen besetzte Krone, die zu Boden fiel und in tausend Stücke zerbrach. So stark war die Nâga-Waffe.

41

Das Wagenrad

Die Nâga-Waffe hatte also ihr Ziel verfehlt. Darum kam Karna ein Nâga zu Hilfe. Es war Ashvasêna, der Schlangensohn, dessen Mutter getötet worden war, als Arjuna für den Bau von Indraprastha das Buschwerk abgebrannt hatte. Er wollte den Tod seiner Mutter rächen. Er sagte kurz zu Karna: «Mit meiner Hilfe wirst du Arjuna schlagen. Lass mich auf deinen Pfeilen sitzen, dann ist dir dein Sieg sicher.» Aber Karna lehnte diese Hilfe ab und Ashvasêna erhob sich in die Luft, um Arjuna von oben anzugreifen. Doch Arjuna zerschmetterte die Schlange noch im Aufsteigen.

In diesem Augenblick sank Karnas Wagenrad im schlammigen Boden ein. Karna erinnerte sich an den Fluch des Brahmanen aus längst vergangener Zeit: «Wenn du gegen deinen gefährlichsten Feind kämpfst, wird dein Wagenrad im Boden versinken.» Das wurde jetzt wahr.

Mit äußerster Anstrengung versuchte Karna sich an das Mantra für die Brahma-Waffe zu erinnern. Aber nun wirkte Parashurâmas Fluch, dass Karna diese göttliche Waffe nicht zur Verfügung stehen würde, wenn er sie am meisten bräuchte. Karna sprang vom Wagen hinunter, um das eingesunkene Rad herauszuziehen. Arjuna beschoss ihn mit der Agni-Waffe, die Karna wieder mit der Varuna-Waffe zerstörte. Sogar während Karna Arjunas Pfeile abwehrte, versuchte er noch sein tief in der Erde steckendes Wagenrad herauszureißen.

Einmal gelang es Karna beinahe, Arjuna zu töten. Der Aufprall eines seiner Pfeile war so gewaltig, dass Arjuna zu Boden stürzte. Aber er erhob sich wieder und kämpfte nur noch wütender. Langsam fühlte sich Karna von der Anstrengung, sich an das Mantra zu erinnern, erschöpft. Er bat Arjuna, ihm Zeit zu lassen, sein Wagenrad aus dem Boden zu zerren. Arjuna war ein edler Kämpfer, der Karna diese Zeit gegeben hätte. Aber Krishna erinnerte ihn daran, wie oft Karna bei seinen Gegnern keine Gnade walten ließ.

Also schoss Arjuna, während Karna das Wagenrad anzuheben versuchte, einen spitzen Pfeil ab, um ihn zu töten. Fassungslos schauten die Kauravas zu, wie ihr Befehlshaber, ihr einziger Beistand in den vergangenen beiden Tagen, kurz davor war zu sterben. Karna schaute dem herbeifliegenden Pfeil entgegen. Als er starb, lag ein Lächeln auf seinem Gesicht, ein Lächeln voll unendlichen Glücks und Triumphes. Der Pfeil trennte Karnas Kopf vom Leib. Als er zu Boden fiel, lag das Lächeln noch immer um die Lippen. Der dritte Befehlshaber der Kauravas war tot.

42

Trauer

Und jetzt geschah etwas Erstaunliches. Mitten am Tag senkte sich die Sonne aus Trauer um den gefallenen Sohn. Der Sonnengott konnte den Anblick seines toten Kindes nicht ertragen und die Götter im Himmel schrien vor Trauer um Karnas Tod. Das Heer der Kauravas bebte vor Furcht.

Aber das Heer der Pândavas brach in triumphierende Schreie aus. Ihre Begeisterung stand in krassem Gegensatz zur Trauer der Menschen, die Karna nahe gestanden waren, zu den verblassenden Strahlen der traurigen Sonne und zu den unglücklichen Göttern. Mitten in diese Trauer hinein frohlockte Yudhishthira vor Freude und kletterte auf Arjunas Wagen, um Karnas Leiche zu sehen. Große Freude herrschte in jener Nacht im Lager der Pândavas.

Duryôdhana indessen brach zusammen. Er konnte nicht glauben, dass sein geliebter Karna tot war. Shalya tröstete ihn, aber es nützte nichts. Seit Karna tot war, schien für Duryôdhana das Leben sinnlos. Noch nie war Duryôdhana so unglücklich gewesen. In dieser Nacht sah er die Leiche des Mannes, der sein bester Freund gewesen war. Später ging er zu Bhîshma, der immer noch darauf wartete, dass die Sonne einen Glück verheißenden Stand einnahm. Dort brach Duryôdhana noch einmal zusammen.

Bhîshma empfand Mitleid für seinen untröstlichen Enkelsohn. «Karna war kein Sûtaputra. Er wurde als Kshatriya geboren, und er starb den edlen Tod eines Kshatriyas, einen Tod, um den ihn jeder Mann beneiden würde.»

Diese Worte machten Duryôdhana stutzig. Er war überrascht zu hören, dass sein Freund ein Kshatriya war und fragte: «Großer Herr, kennst du die Frau, die Karnas Leben zerstört hat? Kennst du die Geschichte der Frau, die ihrem Sohn dieses Unrecht, dieses größtmögliche Unrecht, angetan hat?»

Darauf antwortete Bhîshma: «Karna, der als Râdhêya bekannt war, der Sohn von Râdhâ, war nicht ihr Sohn. Tatsächlich war er der Sohn von Kuntî. Kuntî wollte kein Aufsehen erregen, darum setzte sie ihr Kind am Ganges aus, wo ihn Râdhâ und Adhiratha fanden.»

«Bitte sag mir, wusste Karna von seiner Herkunft?», fragte Duryôdhana.

«Warum? Ja, er wusste davon. Sein Vater, der Sonnengott, erschien ihm in einem Traum und erzählte es ihm. Später enthüllten ihm Krishna und Kuntî das Geheimnis seiner Geburt und baten ihn, sich seinen Brüdern, den Pândavas, anzuschließen. Aber Karna beharrte darauf, dein Freund zu sein, und wollte sich seinen Brüdern nicht anschließen, auch wenn dies sein Tod bedeutete. Er war dir treu bis zum Tod.»

So erfuhr Duryôdhana die Geschichte des Mannes, der für ihn auf alles verzichtet hatte, was er hätte besitzen können. Duryôdhana weinte über diese Geschichte, aber die große Tragödie gab ihm auch Kraft. Er hatte auf einmal keine Angst mehr vor dem Sterben. So kehrte er ins Lager zurück.

43

Unter der Leitung
von Shalya

Am nächsten Morgen wurde Shalya zum Befehlshaber der Kaurava-Streitkräfte ernannt. Er freute sich über die Ehre, die Duryôdhana ihm damit erwies.

Shalya war der erfahrenste Kämpfer, der den Kauravas auf dem Schlachtfeld von Kurukshêtra geblieben war. Er stellte die kläglichen Überreste des Kaurava-Heeres zu einer eindrucksvollen Schlachtordnung auf. Im Gegenzug teilten die Pândavas ihr etwas größeres Heer in drei Abteilungen auf.

Die Kauravas beschlossen, sich auf keine Zweikämpfe einzulassen. Es sollten nur allgemeine Kämpfe stattfinden. Shalya kämpfte mutig. Wie ein Fluss das Land überschwemmt, vernichtete er große Teile des Pândava-Heers.

Yudhishthira entschied, dass Shalya auch wenn er ihr Onkel war, getötet werden müsse. Krishna teilte diese Meinung. Yudhishthira und Shalya trafen im Kampf aufeinander. Yudhishthira schob alle anderen Gedanken beiseite und konzentrierte sich nur auf den einen, Shalya zu töten. Er warf einen kräftigen, mit Steinen besetzten Speer in die Richtung von Shalyas Brust und traf. Die Wucht des Speers warf Shalya um. Er lag mit ausgebreiteten Armen auf dem Rücken. Der große Shalya, der Onkel der Pândavas, war tot.

Kaum sahen die Krieger der Kauravas, dass ihr neuer Befehlshaber tot war, rannten sie in alle Richtungen davon, um ihr Leben zu retten. Aber Duryôdhana trieb die Truppen wieder zusammen. Mit kühner Stimme schrie er: «Wir behaupten, Kshatriyas zu sein! Zeigen wir, dass wir dieses Namens würdig sind. Denkt an all die tapferen Männer, die in den letzten Tagen gefallen sind. Lasst uns den Himmel gewinnen, indem wir einen ehrenvollen Tod auf dem Schlachtfeld sterben.»

Alle Krieger vernahmen Duryôdhanas furchtlose Worte. Jeder einzelne spürte, wie er Mut schöpfte. Alle fochten mit neuer Kraft, auch wenn sie wussten, dass es der letzte Kampf ihres Lebens sein würde.

Shakuni wurde von Sahadêva und Shakunis Sohn Ulûka von Nakula getötet. Damit erfüllten beide ihren Schwur. Bhîma tötete alle übrig gebliebenen Kauravas außer Sudarshana und Duryôdhana. Aber schließlich wurde auch Sudarshana umgebracht.

Jetzt waren alle Krieger tot. Als Duryôdhana sah, welche Zerstörung er durch seine törichten Launen angerichtet hatte, war er sehr traurig. Außerdem war er müde und musste sich ausruhen. Sein Körper hatte unzählige Wunden. Duryôdhana betrat eine dunkle Höhle mit einem kleinen See. Durch Yoga-Kraft teilte Duryôdhana das klare Wasser und stieg bis auf den Grund dieses Sees, um sich zur Ruhe zu legen.

44

Der Kampf zwischen Bhîma und Duryôdhana

Ashvatthâman, Kritavarman und Kripa waren noch am Leben. Sie suchten ihren König. Sanjaya, der ihn schon zuvor aufgesucht hatte, verriet ihnen, wo sich Duryôdhana befand. Die drei begaben sich zu Duryôdhana und baten ihn, seine Streitkeule wieder aufzunehmen. «Wir werden bis zum Sieg weiterkämpfen», sagte Ashvatthâman. Aber Duryôdhana war müde und wollte sich ausruhen.

Aufmerksam verfolgten einige Jäger, die am See ihren Durst stillen wollten, dieses Gespräch. Sie waren beauftragt, für Bhîma Fleisch zu beschaffen. Als ihnen bewusst wurde, dass Duryôdhana im See war und dass ihnen für diese wertvolle Information eine Belohnung winkte, eilten sie auf schnellstem Wege zu Bhîmas Lager, um ihn zu unterrichten. Sie erhielten ihre Belohnung.

Yudhishthira begab sich mit den restlichen Pândavas zu dem See, in dem Duryôdhana untergetaucht war und forderte ihn auf, herauszukommen. Doch Duryôdhana war müde. Er sagte: «Yudhishthira, ich bin des Kampfes müde. Übernimm das Land, das ich so lange regiert habe. Nimm es. Es ist kein Königreich, das wert ist, regiert zu werden; dort gibt es nur noch trauernde Witwen, unfruchtbare Felder und schuldige Männer.»

Diese Worte ärgerten Yudhishthira, und er antwortete: «Ich habe so lange für dieses Königreich gekämpft. Ich bin nicht bereit, es von dir als Geschenk anzunehmen. Komm heraus und kämpfe mit uns.»

Diese Worte demütigten Duryôdhana. Sie konnten nicht vom sanften Yudhishthira sein, den er kannte. Duryôdhana stieg aus dem See, um sich dem Kampf zu stellen. Jetzt sprach Yudhishthira wieder in seiner freundlichen, sanften Art. Er sagte: «Du kannst kämpfen, mit wem du willst, und dir die Waffe aussuchen.»

Krishna flüsterte Yudhishthira ins Ohr. «Das war ein sehr dummes Angebot. Duryôdhana hat während all der dreizehn Jahre mit einer Keule an der eisernen Figur von Bhîma geübt. Er ist Bhîma in der Kunst des Keulenkampfes überlegen. Das hat mein Bruder Balarâma selber gesagt.»

Aber Yudhishthira beachtete Krishnas Worte nicht. Duryôdhana entschied sich für Bhîma und für die Keule, wie Krishna es sich gedacht hatte. Die beiden Vettern bereiteten sich auf den Kampf vor. Da erschien Balarâma in der Höhle. Er wollte den Zweikampf zwischen seinem Lieblingsschüler und Bhîma sehen.

Krishna hatte Recht. Duryôdhana war geschickter mit der Keule als Bhîma. Gewandt wich er allen Angriffen Bhîmas aus und brachte Bhîma beinahe zu Boden. Aber als Duryôdhana hochsprang, um einem Angriff von Bhîma auszuweichen, traf Bhîma Duryôdhana unterhalb der Gürtellinie und warf ihn um. Das war

gegen die Regel, aber Bhîma
freute sich: Duryôdhana
war stark verwun-
det und er würde
endlich sterben.
Bhîma hatte
nun seinen
Schwur
erfüllt,

Duryôdhana
die Beine zu
brechen. Ba-
larâma war
wütend, als er sah,
dass sein Schüler
mit unerlaubten
Mitteln zu Boden
gebracht worden war. Er erhob seine Waffe, den Pflug,
um alle Pândavas zu töten. Aber Krishna beruhigte ihn.
Balarâma rief: «Duryôdhana fiel, weil gegen die Regel
verstoßen wurde. Dafür wirst du, Bhîma, in die Hölle
gehen. Duryôdhana dagegen wird in den Himmel gelangen, denn er starb im Kampf.»

Mit diesen Worten brach Balarâma nach Dvârkâ auf.
Er war immer noch wütend.

Die Pândavas verließen den sterbenden Duryôdhana. Sie waren nun die Beherrscher dieser Erde.

Bhîma bricht Duryôdhana die Beine

45

Feuer im Lager

Noch einmal kam Sanjaya, um den König zu sehen. Diese Fürsorge rührte Duryôdhana. Ihn beschäftigte aber auch sein nahender Tod. Er bat darum, Sanjaya, Ashvatthâman und die anderen herbeizurufen.

Ashvatthâman, Kripa und Kritavarman kamen. Sie waren erschüttert über die furchtbaren Schmerzen, die Duryôdhana erleiden musste. Der Anblick des sterbenden Königs machte Ashvatthâman ganz besonders zu schaffen und sein Zorn auf die Pândavas wuchs immerzu. Dies gefiel Duryôdhana. Er bat Kripa, Wasser vom See zu holen, und ernannte Ashvatthâman zum letzten Befehlshaber der Kaurava-Streitmacht.

Ashvatthâman, Kripa und Kritavarman verließen den sterbenden König. Ashvatthâman überlegte, wie er die Pândavas strafen konnte, und plötzlich hatte er eine glänzende Idee, die er den anderen vortrug. Die waren entsetzt. Kripa sagte: «Dieser Plan ist mehr als furchtbar. Er ist überhaupt nicht ehrenwert. Wenn wir deinen Plan ausführen, verlieren wir das letzte bisschen Würde.»

Trotzdem mussten Kripa und Kritavarman einwilligen, Ashvatthâman zu helfen. Als die Pândavas schliefen, betrat Ashvatthâman leise ihr Lager. Die Pândavas hatten, wie es üblich war, ihre Zelte am Rande des Schlachtfeldes aufgestellt, auf dem Platz des Siegers. Ashvatthâman schlich in das Zelt von Dhrishtadyumna und trat mit den Füßen auf den Schlafenden ein. Er konnte sich nicht wehren und Ashvatthâman trampelte ihn zu Tode. Danach steckte Ashvatthâman das Lager in Brand. Im Nu waren alle wach. Draupadîs Söh-

ne und die überlebenden Panchâla-Prinzen stellten sich
waffenlos Ashvatthâman entgegen. Er aber tötete sie alle und Kripa und Kritavarman sorgten dafür, dass niemand fliehen konnte.

Am Morgen berichtete der einzige Überlebende
des Lagers, Dhrishtadyumnas Wagenlenker, den Pândavas vom traurigen Schicksal ihres Heeres. Yudhishthira war erschüttert. Die Pândavas machten sich auf,
um die Spuren des Massakers in Augenschein zu nehmen.

Unterdessen überbrachte Nakula die Nachricht
Draupadî. Sie war untröstlich, als sie erfuhr, dass all ihre Söhne und Brüder tot waren. Sie wollte Rache an
dem Menschen nehmen, der für ihre Qualen verantwortlich war, und sie schwor, Ashvatthâman den heiligen Edelstein von der Stirn zu reißen. «Er beschützt seinen Träger vor Hunger, Durst und Krankheit», sagte sie.
«Ich muss den Stein haben, um Rache zu nehmen.»
Ihre Gatten schworen, ihr den Stein zu holen.

46

Die letzten Atemzüge
Duryôdhanas

Wenig vorher hatten Ashvatthâman, Kripa und
Kritavarman dem sterbenden Duryôdhana die
Geschichte ihres Sieges erzählt. Duryôdhana trium-
phierte: «Gut gemacht, Ashvatthâman. Du hast vollbracht, was keiner von den anderen geschafft hat. Du
hast das erreicht, worauf ich all die Jahre hingearbeitet
habe. Ich bin sehr froh über dich.» Mit diesen Worten
starb Duryôdhana und in diesem Augenblick verlor

Sanjaya die Fähigkeit, alle Vorgänge auf dem Schlachtfeld von Kurukshêtra zu sehen.

Bhîma war sehr zornig auf Ashvatthâman, weil er
seinen Freund Dhrishtadyumna und dessen Söhne er-
mordet hatte. Mit Nakula als Wagenlenker fuhr er zum
Wald, wo er Ashvatthâman zu finden vermutete.

Arjuna und Krishna folgten ihm. Auf dem Weg erklärte Krishna Arjuna, dass Ashvatthâman die Brahmashîrsha-Waffe besaß. Diese göttliche Waffe hatte
Drôna einst Arjuna gegeben, weil Arjuna ihn vor Menschen fressenden Krokodilen gerettet hatte. Wenn
Krishna Recht hatte, dann setzte Ashvatthâman diese
Waffe jetzt ein.

47

Ashvatthâmans Edelstein

Die beiden holten Bhîma ein. Auf einer Lichtung
entdeckten sie Ashvatthâman mit einer Gruppe
von Weisen. Auch Ashvatthâman sah die drei kommen.
Er sann immer noch auf Rache und sang, wie Krishna
vorausgesagt hatte, die Zauberformel für die Brahmashîrsha-Waffe. Aber weil Arjuna von Krishna gewarnt
worden war, konnte er Ashvatthâman dieselbe Waffe
entgegensetzen. Die Kraft dieser beiden göttlichen Waffen war gewaltig. Ein Zusammenstoß konnte das Ende
der Welt herbeiführen. Die Weisen Narada und Vyâsa
hielten die Waffen mit ihren Yoga-Kräften auf und baten Arjuna und Ashvatthâman, sie zurückzurufen. Arjuna gehorchte.

Ashvatthâman konnte dies jedoch nicht, denn die
Waffe gehorchte nur rechtschaffenen Männern. Ash-

vatthâman aber war auf keinen Fall ein rechtschaffener Mann. Also gehorchte ihm die Waffe nicht. Voller Bosheit sagte er: «Ich kann die Waffe nicht zurückrufen. Sie soll aber nicht die Pândavas töten, sondern deren Nachkommen. Sie soll das Kind von Abhimanyu töten, das noch im Schoß seiner Mutter liegt.»

Krishna war sehr erzürnt über die Taten, die Ashvatthâman begangen hatte, und sagte zu ihm: «Deine Pläne werden vereitelt, Ashvatthâman. Ich werde das Kind eigenhändig wieder ins Leben holen. Ja, ich werde es zurück ins Leben holen.»

Da Ashvatthâman die göttliche Waffe nicht zurückrufen konnte, befahlen ihm die Weisen zur Strafe seinen unschätzbaren Edelstein abzunehmen. «Aber», wandte Ashvatthâman ein, «er schützt seinen Besitzer vor Hunger, Krankheit und Durst. Ich kann ihn euch nicht geben.» Doch er war schließlich gezwungen, den Pândavas den Edelstein zu geben.

Bevor Ashvatthâman den Wald verließ, sagten die Weisen zu ihm: «Du wirst für alle Verbrechen büßen, die du begangen hast, Ashvatthâman. Du wirst ziellos über diese Erde wandern und von allen Menschen gemieden werden. Nein, nicht einmal der Tod wird dich erlösen. Du wirst unsterblich sein. Kein einziger Mensch wird Mitleid mit dir haben, nicht ein einziger Mensch.»

Bedrückt ging Ashvatthâman davon, um sein Leben in ewiger Qual zu verbringen.

Die Pândavas nahmen den Edelstein und gaben ihn Draupadî, die ihn an Yudhishthira weiterreichte, der ihn dankbar annahm.

48

Die untröstlichen
Eltern

Die Pândavas kehrten nach Hastinâpura zurück. Sie freuten sich von Herzen, als sie die Stadt erblickten, die sie seit vierzehn Jahren nicht mehr gesehen hatten. Aber es lag noch eine schwere Aufgabe vor ihnen. Sie mussten Dhritarâshtra aufsuchen und wussten nicht, wie ihr Onkel auf den Tod seiner Söhne reagieren würde. Nicht alle Söhne waren tot, Yuyutsu war noch am Leben. Aber alle Söhne, die Gândhârî geboren hatte, lebten nicht mehr. Vor Gândhârî fürchteten sich die Pândavas noch mehr, denn sie hatte große Kräfte gewonnen, nachdem sie Askese geübt hatte, und diese konnte sie gegen die Pândavas einsetzen.

Zunächst suchten die Pândavas ihren Onkel auf. Er streckte seine Arme aus, um Bhîma willkommen zu heißen. Mit zögerlichen Schritten trat er seinem Onkel entgegen. Auf halbem Weg machte ihm Krishna warnende Zeichen: Bhîma sollte stehen bleiben, damit ihn der König nicht bemerkte. Denn Dhritarâshtra hatte sich darin geübt, Bhîma zu zerschmettern. Krishna lief zur Übungshalle und holte von dort eine eiserne Figur, die das Ebenbild Bhîmas darstellte. Dhritarâshtra umarmte sie. Die Umarmung war so kräftig, dass die Eisenfigur in hundert Stücke zerbrach. Dhritarâshtra dachte nun, er hätte seinen Neffen erdrückt. Aber dann merkte er, dass Bhîma noch am Leben war. Dieses Mal nahm er den Pândava zur Begrüßung in die Arme, ohne ihn zu zerquetschen.

Am nächsten Tag mussten die Pândavas Gândhârî aufsuchen. Sie war untröstlich, kein Zweifel, aber sie wusste, dass alles der Torheit ihres Sohnes zuzuschreiben war. Gândhârîs Schmerz war so groß, dass er die Pândavas verbrennen konnte, darum wandte sie ihren Kopf zur Seite. Ihr Blick fiel aber trotzdem durch die Binde vor ihren Augen auf Yudhisththiras Zehennägel, die sofort verbrannten.

Die anderen Pândavas fürchteten sich vor Gândhârîs Kraft und versteckten sich vor ihr. Erst als Krishna lachte und ihnen sagte, sie hätten nichts zu befürchten, kamen sie wieder hervor. Yudhishthira machte sich still und leise davon.

Vyâsa trat vor Dhritarâshtra und Gândhârî und sagte: «Ich habe die Rabenvögel, die Geier und die Hyänen mit meinen Yoga-Kräften fern gehalten. Ruft alle Witwen und Verwandten der toten Krieger zusammen und lasst sie ihre Toten sehen.»

Fast augenblicklich strömten Frauen aus den Häusern und Palästen. Die Reichen kamen in Wagen und die Armen zu Fuß. Alle gingen zum Schlachtfeld und trauerten um ihre Söhne, Gatten und Väter.

Gândhârî sah das Leid dieser Frauen und sprach Krishna darauf an. Sie sagte zu ihm: «Du bist die Ursache für diesen Krieg gewesen. Du hast für die Pândavas Partei ergriffen und dadurch vergessen, dass die Kauravas auch deine Vettern sind. Sieh dir das Leid gut an, das du verursacht hast. Sieh, wie Uttarâ um Abhimanyu trauert, sieh, wie die Frau von Karna und ihre Schwiegertöchter und seine Söhne um Karna trauern. Sieh nur!»

Aber als sie bemerkte, dass Krishna immer noch lächelte, sagte sie: «Dich kümmert der Schmerz nicht, den diese Frauen erleiden müssen. Dich kümmern nur deine kostbaren Pândavas. Ich verfluche dich und deinen Stamm. In ein paar Jahren werden deine Yâdavas sich gegenseitig töten.»

Immer noch lächelnd erwiderte Krishna: «Danke, Gândhârî. Die Yâdavas haben gewaltige Zerstörungen angerichtet, noch bevor du sie verflucht hast. Dein Fluch wird mich befähigen, meine Aufgabe zu vollenden.»

49

«Wir haben unseren Bruder getötet!»

Yudhishthira und die Pândavas standen am Ufer des Ganges. Sie brachten Wasseropfer dar, um die Toten zu beschwichtigen. Eben hatte Arjuna ein Wasseropfer für Abhimanyu dargebracht. Seine Augen füllten sich mit Tränen, als er an diesen heldenhaften Sohn dachte.

Kuntî erinnerte sich an den schönen Knaben, den sie einst dem Ganges überlassen hatte. Sein Vater Adhiratha war vor einiger Zeit gestorben und seine Söhne waren im Krieg getötet worden, sodass niemand da war, der seine Seele mit Opfern hätte besänftigen können. Darum beschloss Kuntî, dies für diesen Sohn zu tun, den sie ihr Leben lang vernachlässigt hatte. Sie trat vor Yudhishthira und sagte: «Da ist noch jemand, dessen Seele besänftigt werden muss.»

Yudhishthira fragte: «Wer ist es, Mutter? Ich habe für alle Kshatriyas geopfert, die im Krieg gefallen sind.»

Kuntî schluckte schwer und erwiderte: «Du musst noch ein Wasseropfer für Karna darbringen.»

Yudhishthira schaute sie verwirrt an und sagte: «Aber Karna war ein Sûtaputra. Einer von seinen Leuten muss für ihn opfern.»

174

«Karna war ein Kshatriya», antwortete Kuntî. «Du musst seine Seele beschwichtigen.»

Die Pândavas waren überrascht. War Karna dann kein Sûtaputra, wenn er ein Kshatriya war? Unterdessen hatte sich Krishna mit einem Lächeln im Gesicht neben sie gestellt. Yudhishthira fragte seine Mutter: «Mutter, kennst du die Geschichte von Karna? Bitte, erzähl sie uns.»

Und da erzählte Kuntî ihren Söhnen: «Es war einmal eine Prinzessin, die hatte einen wunderschönen Knaben geboren. Nun war sie aber unverheiratet und sie fürchtete den Zorn ihres Vaters. Also setzte sie ihr Kind mitten in der Nacht in einer Kiste auf dem Ganges aus. Der Wagenlenker Adhiratha und seine Frau fanden ihn, mit Panzerhemd und Ohrringen, so wie er geboren war. Die Prinzessin blieb immer unglücklich. Obwohl sie andere Kinder hatte, sehnte sie sich nach dem kleinen Knaben, den sie in einer Kiste auf dem Fluss ausgesetzt hatte.»

Yudhishthira und seine Brüder hörten gespannt zu. Yudhishthira fragte noch einmal: «Sag mir, Mutter, wer ist die Mutter, die ihrem Sohn nach seiner Geburt unrecht getan hat?»

Mit erstickter Stimme antwortete Kuntî: «Der Vater von Karna war der Sonnengott und seine Mutter war ... ich.»

Fassungslos riefen die Pândavas: «Er war unser Bruder! Er war unser Bruder! Und wir waren so froh, dass wir ihn getötet hatten.»

Mit Blick auf den Fluss fragte Yudhishthira seine Mutter: «Wusste er es?» Da war Kuntî bereits in Ohnmacht gefallen. Krishna antwortete für sie: «Ja, er wusste es.»

«Also wusstest du es auch», sagte Yudhishthira.

«Ja, ich habe es gewusst. Aber Karna hat mich gebeten, euch nichts zu sagen», war die Antwort.

Die Pândavas hörten die traurige Geschichte des Mannes, dem die ganze Welt hätte zu Füßen liegen können. Aber er hatte sein Geburtsrecht, das Königreich, das ihm gehört hätte, für den Mann aufgegeben, der ihm Freundschaft geschenkt hatte. Die Pândavas weinten wegen des Vergehens, ihren Bruder getötet zu haben, aber auch um den Mann, der versprochen hatte, außer Arjuna keinen von ihnen zu töten.

50

Bhîshmas Weisheit

Yudhishthira zeigte kein Interesse für das Königreich, nachdem er begriffen hatte, dass er seinen eigenen Bruder getötet hatte. Aber Vyâsa redete ihm gut zu und bat ihn, das Königreich zu regieren. Er riet ihm,

Die Geheimnisse des Herrschens

zu Bhîshma zu gehen, der immer noch darauf wartete, dass die Sonne ihren Gang Richtung Norden antrat. Bhîshma war von großen Lehrmeistern in die Geheimnisse königlicher Herrschaft eingeweiht worden und seine Mutter hatte ihn zum König erzogen. All dieses Wissen sollte nicht ungenutzt bleiben. Yudhishthira befolgte Vyâsas Rat und besuchte Bhîshma, der ihn in diese Geheimnisse einführte und ihn lehrte, wie man ein wahrhaft würdiger König wurde.

Nun befand sich die Sonne im nördlichen Lauf. Frauen mit Opfergaben, die Pândavas, Vidura, Kuntî, Dhritarâshtra, Gândhârî, Yuyutsu und Sanjaya traten vor den sterbenden Bhîshma.

Zum letzten Mal wünschte er ihnen alles Gute und schloss dann die Augen. Der größte aller Kauravas war tot.

Yudhishthira regierte sein Königreich gut und friedlich, und seine Untertanen liebten ihn.

51

Uttarâs Kind

Auf einer Bank saßen wie erstarrt zwei Gestalten. Der eine Mann wirkte angespannt, legte unaufhörlich die Hände zusammen und breitete sie wieder aus. Der andere lächelte und wirkte ruhig. Der Unruhige war in blaue Seide gekleidet. Der andere trug eine Krone, in der seltsamerweise eine Pfauenfeder steckte, und war in wunderschöne goldene Seide gekleidet. Vor ihnen ragte ein Palast auf. Die beiden betraten ihn, als die Schmerzensschreie einer gebärenden Frau lauter wurden. «Wirst du das Kind retten, Krishna?», fragte der Unruhige. «Natürlich werde ich das, Arjuna», antwortete Krishna.

Unterwegs gesellte sich Sâtyaki zu ihnen. Als sie sich dem Ort näherten, wo die Schreie ausgestoßen wurden, kam Kuntî herausgerannt und sagte: «Kommt, kommt, Uttarâ hat ein totes Kind geboren.»

Ashvatthâman hatte am Ende des Krieges die göttliche Brahmashîrsha-Waffe eingesetzt, um Uttarâs ungeborenes Kind zu töten. Nun nahm Krishna das tote Kind in die Hände und setzte all seine Yoga-Kräfte ein, um es ins Leben zurückzuholen.

Plötzlich lief es rötlich an und begann zu schreien. Die Frauen ringsum freuten sich und nahmen den schönen Knaben abwechselnd in die Arme.

Nachdem er all seine Yoga-Kräfte eingesetzt hatte, um das Kind ins Leben zu holen, fühlte sich Krishna müde, und er ging nach draußen, um sich auszuruhen. Das Kind Uttarâs und des toten Abhimanyu wurde Parikshit getauft und galt als der künftige Erbe des Kaurava-Thrones.

52

Das Ende der Yâdavas

Nach dem Krieg ließen sich mehrere Weise für längere Zeit in Mathurâ nieder, der Hauptstadt der Yâdavas. Nachdem einige Männer der Yâdavas sich betrunken hatten, verkleideten sie zum Spaß einen aus ihren Reihen als schwangere Frau. Danach suchten sie die Weisen auf und baten sie, das Geschlecht des ungeborenen Kindes herauszufinden.

Die Eisenkeule

Die Weisen waren sehr wütend über diese Albernheit und sprachen einen mächtigen Fluch aus. «So wird es sein», sagten sie, «dieser junge Mann wird eine Eisenkeule tragen, von der die Zerstörung des gesamten Yâdava-Stammes ausgehen wird.»

Das wurde wahr, denn der junge Mann bekam tatsächlich eine Eisenkeule zu tragen. Verwirrt berichtete er Balarâma davon, der anordnete, dass die Keule zu Pulver zerstoßen und das Pulver ins Meer geworfen werde.

Als Krishna die Geschichte zu Ohren kam, verbot er das Brauen von Alkohol, unter dessen Einfluss die Männer gehandelt hatten.

Die Anordnung Balarâmas nützte aber nichts. Die Wellen spülten das Eisenpulver an den Strand und aus dem Pulver wuchs Schilf. Eines Tages, als Krishna fort war, brauten die Leute wieder Alkohol und machten genau an dem Strand ein Picknick, wo das Schilf gewachsen war.

Da flammte der uralte Streit zwischen Sâtyaki und Kritavarman wieder auf. Es folgte ein Kampf, in dem die betrunkenen Männer Partei ergriffen. Als ihr Vorrat an Steinen zu Ende ging, zogen sie an dem verfluchten Schilf. Die Schilfstängel verwandelten sich in ihren Händen zu Keulen, Speeren und anderen Waffen. Viele Männer starben. Sâtyaki war einer von ihnen. In der Zwischenzeit war Krishna zurückgekommen und musste bestürzt feststellen, dass Sâtyaki tot war. Besessen vor Zorn tötete Krishna alle um sich herum. Schließlich waren nur drei Männer des Yâdava-Stammes übrig geblieben – Krishna, Dâruka und Balarâma.

Krishna ging in den Wald, wo er auf Balarâma traf, der eine Yoga-Haltung eingenommen hatte. Sein Mund stand offen und eine weiße Schlange kroch heraus. Es war Shêsha. Balarâma war die Wiedergeburt von Shêsha.

Als Krishna das sah, lächelte er, denn er wusste, dass für ihn die Zeit gekommen war zu gehen.

Er setzte sich und nahm ebenfalls eine Yoga-Haltung an. Ein Jäger hielt Krishnas Fuß für ein Stück Wild und schoss einen Pfeil ab. Der Pfeil traf sein Ziel und der Jäger eilte zu seiner Beute, wo er zu seiner Überraschung den sterbenden Krishna fand.

Und damit starb der Stamm der Yâdavas aus.

Als Yudhishthira vom Schicksal der Yâdavas erfuhr, hoffte er inständig, dass Krishna noch lebte, denn er hatte nichts anderes gehört.

Er schickte Arjuna nach Dwarka, um die Frauen der Yâdavas nach Hastinâpura zu geleiten.

Unterwegs wurde Arjuna von Banditen überfallen. Im Laufe des Kampfes erschöpfte sich zu Arjunas Erstaunen sein immer während Vorrat an Pfeilen. Da wusste er, dass Krishna tot war, denn solange Krishna lebte, sollte Arjunas göttlicher Köcher stets gefüllt sein.

Trotzdem schaffte Arjuna es, mit den Frauen der Yâdavas sicher nach Hastinâpura zurückzukehren.

Die Pândavas trauerten um Krishna und die anderen Yâdavas.

53

Die Ältesten scheiden dahin

Wir haben beschlossen, uns in den Wald zurückzuziehen», kündigte Dhritarâshtra an. «Alle unsere Söhne sind tot. Gândhârî und ich haben das Gefühl, dass es in dieser Welt nichts mehr gibt, was uns glücklich machen könnte.»

Als Dhritarâshtra und Gândhârî ihre Entscheidung bekannt gaben, beschlossen Vidura, Sanjaya und Kuntî, sie zu begleiten. Mit einigen Dienern machten sie sich auf den Weg zu einem Bergrücken. Dort ließen sie eine Hütte errichten, in der sie bleiben wollten.

Alle paar Tage kamen Yudhishthira und die anderen zu Besuch. Eines Tages ging Vidura tief in den Wald hinein, um zu meditieren. Sanjaya folgte ihm und stellte mit Schrecken fest, dass er nur ein Lendentuch trug und nur noch aus Haut und Knochen bestand, denn er hatte in den vergangenen Tagen überhaupt nichts gegessen. Vidura weigerte sich, mit Sanjaya zurückzugehen.

Unterdessen war Yudhishthira eingetroffen und erfuhr davon. Er ging in den Wald und fand Vidura, der vor ihm davonlief. Yudhishthira verfolgte seinen Onkel und als sie an einem Baum zum Stehen kamen, ließ Vidura seine Seele mithilfe von Yoga-Kräften in Yudhishthiras Körper schlüpfen. Jetzt war nur noch Viduras körperliche Hülle zurückgeblieben. So kehrte Yudhishthira-Vidura ins Lager zurück und berichtete den anderen, was geschehen war. Niemand trauerte um Vidura, denn alle wussten, dass er in Yudhishthiras Körper weiterlebte.

Im hohen Alter beschlossen Dhritarâshtra und Gândhârî, umzuziehen. Sanjaya und Kuntî teilten diesen Entschluss. Kuntî hatte Tränen in den Augen, als sie sich für immer von ihren Söhnen verabschiedete. Dhritarâshtra, Gândhârî und Kuntî hatten den Pândavas erklärt, sie sollten nicht mehr zu ihnen kommen, sie würden sich schon alleine zurechtfinden.

Am selben Abend stiegen Dhritarâshtra, Gândhârî, Kuntî und Sanjaya hoch hinauf in die Berge. Die Diener bauten ihnen eine Hütte und ließen ihnen einige Vorräte dort, bevor sie sich in ihre eigene Hütte zurückzogen, die etwas weiter unten stand. Yudhishthira hatte ihnen befohlen, heimlich ein Auge auf die Ältesten zu halten und sie alle vierzehn Tage mit neuen Vorräten zu versorgen.

In der Einsamkeit bat Dhritarâshtra Gândhârî, ihre

Augenbinde abzulegen, und nun konnte sie zum ersten Mal seit ihrer Hochzeit wieder sehen.

Eines Tages roch Dhritarâshtra Rauch. Sanjaya ging dem Geruch nach und fand zu seiner Bestürzung, dass ein Waldbrand auf sie zukam. Er forderte die anderen auf, mit ihm zu fliehen. Sie aber hatten beschlossen, im Feuer zu sterben. Als Sanjaya das hörte, war auch er bereit, mit ihnen in den Tod zu gehen. Er blieb, obwohl ihn Dhritarâshtra anflehte, er solle sich retten. Ruhig traten die vier Menschen – Sanjaya hielt die Hand von Dhritarâshtra und Kuntî hielt jene von Gândhârî – ins Feuer.

Am nächsten Tag fand ein Diener die vier Leichen und brachte sie zu Yudhishthira, der für sie das Totenritual vollzog.

54

Die letzte Reise der Pândavas

Nachdem die Pândavas Hastinâpura sechsunddreißig Jahre lang regiert hatten, verschenkten sie Indraprastha an Krishnas Enkel, trafen die nötigen Anordnungen und verließen Hastinâpura, um ihre letzte Reise anzutreten.

Sie überließen das Kaurava-Königreich Parikshit und machten sich auf den Weg zum Himalaja. Nachdem sie den Ganges überquert hatten, stießen sie auf eine baumlose, wüstenähnliche Landschaft, in der sich keinerlei Anzeichen von Leben zeigte. Tag für Tag, Monat für Monat wanderten Draupadî und die Pândavas schweigend hintereinander her.

Eines Tages schließlich geschah etwas, das ihr langes Schweigen unterbrach: Draupadî stürzte in eine tiefe

Schlucht. Alle dachten, sie wäre tot. Aber sie lebte lange genug, um noch die folgenden Worte zu hören.

Als Bhima Draupadî fallen sah, verlor er die Fassung. Er brach das Schweigen, indem er fragte: «Yudhishthira, warum musste sie fallen?»

Yudhishthira ging mit seinem Hund weiter, der in Hastinâpura aus irgendeiner Hütte gekommen war, um den ältesten Pândava auf seiner letzten Reise zu begleiten.

Mit ernster Stimme und ohne Tränen antwortete Yudhishthira: «Draupadî hatte einen Fehler: Sie liebte Arjuna am meisten, statt dass sie uns alle gleichermaßen geliebt hätte.»

Draupadî, die tief unten lag, hörte diese deutlichen Worte und schloss die Augen, um den Tod zu erwarten.

Als die Pândavas die Berge hinaufstiegen, fiel einer nach dem anderen tot um.

Beim Tod Sahadêvas wiederholte Bhîma seine Frage. Diesmal antwortete Yudhishthira, dass Sahadêva sterben musste, weil er zu stolz auf seine Klugheit war.

Als Nakula tot umfiel, sagte Yudhishthira: «Er starb, weil er eitel wegen seiner Schönheit war.»

Als Arjuna starb, sagte er, Arjuna habe geschworen, alle seine Feinde selbst zu töten, und damit alle anderen großen Krieger im Land beleidigt habe.

Schließlich, als Bhîma selber fiel und seine Frage hinausbrüllte, antwortete Yudhishthira: «Bhîma, du warst ein großer Esser und du warst eingebildet wegen deiner Kraft. Das waren deine Fehler.»

Yudhishthira ging weiter. Am Eingang zu Indrakîla, der Himmelsburg, erschien ihm Indra persönlich und sagte: «Yudhishthira, durch deine Rechtschaffenheit und deine Frömmigkeit hast du die Freuden des Himmels erlangt.»

Als Yudhishthira diese Worte hörte, stieg er gemeinsam mit seinem treuen Hund die Leiter zum Himmel hinauf. Kaum sah Indra den Hund, machte er ein entsetztes Gesicht: «Diesen dreckigen Hund kannst du nicht mit ins schöne, heitere Himmelreich nehmen.» – «Wenn dieser treue Hund nicht in den Himmel darf, dann gehe ich auch nicht», antwortete Yudhishthira zornig. In dem Augenblick verwandelte sich der Hund in Yama, den Gott des Todes und der Gerechtigkeit. Er sagte: «Das war nur eine Prüfung, um herauszufinden, ob du würdig bist, den Himmel zu betreten. Du hast bestanden, mein Sohn.» Damit verschwanden Indra und Yama, und Yudhishthira stieg allein die Leiter zum Himmel hinauf.

Im Himmel traf Yudhishthira auf Duryôdhana und die Kauravas. Von den Pândavas war keine Spur zu sehen und Yudhishthira fragte, wo sie denn seien. «Sie sind woanders», sagte Yama, der Yudhishthira empfangen hatte. «Komm, ich zeige dir wo.»

Sie gelangten an einen dunklen, verschmutzten Ort. Nicht einmal ein Schimmer von Licht gelangte dorthin. Es roch muffig und der Boden schien voller Unrat zu sein. Yudhishthira bewegte sich unsicher. «Ist dies der Ort, wo meine Brüder sind?», fragte Yudhishthira. «Aber ja», sagte Yama, «sie sind direkt neben dir.»

Da fragte Yudhishthira mit leiser Stimme: «Bhîma, bist du hier?» Und Bhîma antwortete: «Ja, ich bin hier.» Froh über die Antwort rief Yudhishthira: «Arjuna!» «Ich bin hier, Bruder», sagte eine Stimme aus der Tiefe des Raumes. Dann fragte Yudhishthira: «Sahadêva, bist du hier?« «Ich bin hier», sagte eine heitere Stimme. «Na-kula!», sagte Yudhishthira. «Bist du auch hier?» Und er bekam genau so eine Antwort wie zuvor.

Mit sanfter Stimme fragte Yudhishthira: «Draupadî, bist auch du hier?» Und eine weibliche Stimme antwortete: «Ich bin auch hier.» «Karna, der Bruder, den ich nie wirklich gekannt habe, bist du hier?», fragte Yudhishthira. «Ich bin hier», sagte eine weniger vertraute Stimme.

Jetzt wandte sich Yudhishthira an Yama: «Was ist dies für ein Ort?»

Yama antwortete: «Der Ort, wo Leute für ihre schlechten Taten büßen. In anderen Worten, die Hölle.» «Und wieso hat der gemeine, brutale Tyrann Duryôd-hana einen Platz im Himmel bekommen?»

«Weil er und seine Brüder eines heldenhaften Todes gestorben sind. Wenn du einen heldenhaften Tod stirbst, werden alle Sünden, die du im Leben begangen hast, ausgelöscht. Deine einzige Sünde», fuhr Yama fort, «war deine Lüge Drôna gegenüber, und jetzt hast du dafür gebüßt.»

«Und warum sind dann meine Brüder, die untadelig waren, hier?», wollte Yudhishthira weiter wissen. «Du hast Bhîma selber die Antworten gegeben», sagte Yama und bezog sich auf das Gespräch nach Draupadîs Sturz.

Plötzlich leuchtete ein blendender Blitz auf. Das Licht war so stark, dass Yudhishthira die Augen schließen musste. Als er sie wieder aufschlug, sah er einen goldenen Thron. Yama sagte ihm, dass seine Brüder nicht wirklich in die Hölle geschickt worden seien. Er habe Yudhishthira nur prüfen wollen und Yudhishthira habe bestanden. Also bestieg Yudhishthira den Thron. Zu seiner Rechten, auf kleineren Thronen, saßen seine

Brüder zusammen mit Karna und Draupadî. Zu seiner Linken befanden sich Abhimanyu, Irâvat, Dhrishtadyumna, Ghatôtkacha und Krishna. Yudhishthira blickte auf die gegenüberliegende Seite des Saales und erkannte Kuntî, Vidura, Draupada, Uttara Kumâra, Shvêta, Virâta und Draupadîs Kinder.

55

Nach den Pândavas

Nun war Parikshit der König des Kaurava-Reiches, und er regierte gerecht.

Eines Tages, als er auf der Jagd war, begegnete er einem Weisen, der betete. Parikshit war durstig und bat den Weisen um Wasser. Aber der Weise war so tief in seine Meditation versunken, dass er die Bitte nicht hörte. Weil Parikshit sich darüber ärgerte, legte er dem Weisen eine tote Schlange um die Schultern und ging weg.

Der Sohn des Brahmanen kam aus seiner Hütte und sah die Schlange um die Schultern seines Vaters. Vor Zorn über die Tat des Königs verfluchte er diesen und sagte: «Törichter König, du sollst für deine Tat teuer bezahlen. Denn in einigen Wochen wirst du, Parikshit, von einer Schlange gebissen werden.»

Als der Brahmane von seinen asketischen Übungen aufstand, berichtete ihm sein Sohn von dem Vorfall. Kaum hatte er die ganze Geschichte gehört, tadelte er seinen Sohn für diesen ungezügelten Ausbruch. Dann eilte der Brahmane zum Palast des Königs, denn er kannte ein Gegengift gegen Schlangenbisse.

Auf dem Weg wurde er von einem Nâga-König aufgehalten, dessen Familie einst von Arjuna erbarmungslos ausgerottet worden war. Jetzt suchte der Nâga-König Rache. Er hinderte den Brahmanen daran, den Palast zu betreten. Dann wurde Parikshit von einem Untertan des Schlangen-Königs gebissen und starb einen qualvollen Tod. Als Parikshits Sohn Janamêjaya davon hörte, zog er aus, die Nâgas zu vertilgen.

Später wurde Janamêjaya gezwungen, Hastinâpura zu verlassen und südwärts nach Kosambi zu ziehen, und von da verlieren sich die Spuren der Kauravas.

Doch Yudhishthira regiert immer noch im Himmel und dort wird er bis in alle Ewigkeit regieren.

Nachwort der Autorin

Meine Version des Mahâbhârata

Als ich vier Jahre alt war, fing ich an, das Mahâbhârata zu lesen. Damals war mein Vater eben nach Karachi, Pakistan, versetzt worden. Meine Eltern hatten beim Umzug nicht viele Bücher mitgenommen, sodass ich mir welche in der Bibliothek des Konsulats lieh. Es gab aber fast nur religiöse Bücher und zahllose Versionen der beiden großen indischen Epen, des Mahâbhârata und des Râmâyana. Auch meine Eltern besaßen ein paar Bücher, in denen diese Epen erzählt wurden, sodass ich mich bald in sie vertiefte. Oft hörte ich den Panchajanya wehen oder ich sah das Affenbanner von Arjuna im Wind flattern.

Als ich drei Jahre später nach Indien zurückkehrte, verblieben mir noch zwei Monate, bis die Schule anfing, und ich langweilte mich fürchterlich. Jemand schlug mir vor, eines der beiden Epen schriftlich nachzuerzählen. Die Idee gefiel mir, und ich entschied mich für das Mahâbhârata.

Gleich am Tag darauf begann ich, meiner Großmutter zu diktieren. Ich wollte, dass sie genau das aufschrieb, was ich ihr sagte, ohne etwas zu korrigieren. Als ich dann in die Schule kam, hatte ich keine Zeit mehr, mich mit dem Buch zu befassen, und allmählich vergaß ich es ganz.

Zwei Jahre später fand meine Mutter ein Heft, in dem Teile des Mahâbhârata aufgeschrieben waren. Sie zeigte es der Verlegerin Gita Wolf, die sie durch eine

Freundin kennen gelernt hatte. Gita Wolf bat mich darauf, das Mahâbhârata fertig zu stellen. Es sollte in zwei Teile gegliedert werden. Für den ersten Teil brauchte ich sehr lange, ein ganzes Jahr. Den zweiten Teil schaffte ich in kürzerer Zeit, obwohl er länger war. Ich war erfahrener und konnte besser planen. Nach etwas mehr als vier Monaten hatte ich Text und Bilder fertig.

Meine Lieblingsfigur ist Karna. Das leidvolle Leben hat aus ihm einen unglücklichen, aber unschuldigen und grundanständigen Menschen gemacht. Er steht zu seiner Pflicht und zu seinem Dharma. Er wird in die Wirren des Krieges zwischen seinen Vettern hineingezogen und findet schließlich heraus, dass er der eigentliche Erbe des Thrones ist. Aber wegen der Treue zu seinem Freund Duryôdhana gibt er alles auf, was ihm gehört hätte.

Am zweitliebsten ist mir der gierige Duryôdhana. Obwohl man sich eigentlich an die Guten halten sollte, ergreife ich immer Partei für die Bösewichte. Ich mag Duryôdhana, weil ich das Gefühl habe, dass sein Anspruch auf den Hastinâpura-Thron gerechtfertigt ist. Wenn man die Erbfolge betrachtet, sieht man, dass er der älteste Sohn des ältesten Sohnes von Vyâsa ist, während die Pândavas nicht die tatsächlichen Söhne Pândus sind, sondern die Söhne von Göttern. In jedem Fall ist Dhritarâshtra älter als Pându. Pându ist nur der Mitregent von Dhritarâshtra, da sein älterer Bruder blind ist. Für meine Begriffe ist Duryôdhana der wahre Herrscher von Hastinâpura. Aber wie alle anderen Figuren des Mahâbhârata erscheint auch Duryôdhana nicht ohne Fehl. Er hätte Draupadî nicht entkleiden lassen dürfen. Er hat selbst auch Ehefrauen und hätte daher nicht nur wissen müssen, was die Pândavas durchmachten, sondern auch, wie Draupadî litt. Weil er das nicht bedacht hat, muss er schließlich sterben. Ich finde auch, dass es Unrecht war, sich auf das Würfelspiel einzulassen. Aber daran trägt er nicht allein die Schuld. Es ist Shakunis Idee gewesen, und Yudhishthira hätte sich weigern können mitzuspielen.

Für mich ist Yudhishthira, der sich an Draupadî rächen will, weil sie Arjuna vorzog, die schlimmste Figur. Warum hat Yudhishthira im Spiel Draupadî als Einsatz gebraucht? Wollte er ihr eins auswischen, weil sie Arjuna lieber mochte als ihn? Wenn man die Aufrichtigkeit eines Menschen in so großartigen Worten beschreibt und bewundert, dann scheinen seine Verfehlungen umso größer. Andererseits mache ich Yudhishthira nicht wegen dieser einen Lüge Vorwürfe, sondern eher wegen seiner übertriebenen Leidenschaft für das Würfelspiel. Als vernünftiger Mensch hätte er damit aufhören müssen, als es außer Kontrolle geriet. Beim Râjasûya-Opfer hat er ja sogar einen Eid geschworen, nicht mehr mit Würfeln zu spielen. Warum verschleudert er leichtfertig das Königreich, das er so sorgfältig und liebevoll aufgebaut hat? Es stellt sich die Frage, ob Yudhishthira unter Anfällen von Verrücktheit litt und ob er vielleicht während des verhängnisvollen Spiels Opfer eines solchen Anfalls wurde.

Von den Pândavas mag ich Bhîma am liebsten. Ich mag ihn wegen seiner Unschuld. Er ist derjenige Pândava, der seine Gefühle nicht verbirgt. Seine Treue und seine kindliche Zuneigung zu seinen Brüdern, seiner Mutter und vor allem zu Draupadî sind bewundernswert. Aber Bhîma hat auch Fehler, denn er tötet seine Vettern Duhshâsana und Duryôdhana brutal. Bhîmas

Schwur, alle seine Vettern zu töten, der Mord an Jarâsandha und die Idee, den Elefanten Ashvattâman umzubringen, um Drôna hereinzulegen, sind nur einige
Beispiele.

Arjuna ist eine schwer einzuschätzende Figur.
Manchmal ist er still, manchmal ist er wie ein ausbre-
chender Vulkan. Weil er normalerweise besonnen ist,
hält man ihn leicht für geduldig, zurückhaltend und gehorsam. Aber tatsächlich ist er stolz und arrogant. Diese Gefühle kommen in seiner Begegnung mit Ekalavya
zum Ausdruck. Wie alle anderen hat Arjuna Glück und
Unglück und begeht Fehler. Der Tod seiner Söhne Irâvat und Abhimanyu zählt zu den unglücklichsten Mo-
menten seines Lebens. Ich finde, er hat zu viele Frau-
en geheiratet.

Die Söhne von Mâdrî, Nakula und Sahadîva sind meines Erachtens völlig unbedeutende Figuren. Sie bege-
hen überhaupt keine Heldentaten, und sie könnten
genauso gut aus dem Epos entfernt werden. Wahrscheinlich dienen sie nur dazu, die Großartigkeit ihrer
drei älteren Brüder herauszustreichen.

Hingegen ist Draupadî, die Quasi–Ehefrau der Pândavas, eine interessante Figur. Sie lässt sich nicht un-
terdrücken, sondern tut und sagt, was ihr gefällt und
was sie für richtig hält. Unter den so sehr unterdrück-
ten Frauen der Vergangenheit ragt sie einsam heraus.
Obwohl sie nur geboren wurde, um Arjuna zu heiraten,
akzeptiert sie ihr Schicksal, heiratet fünf Männer
gleichzeitig und lebt als deren Ehefrau. Viele Frauen
hätten sich geschämt, so etwas zu tun. Draupadî liebt
Arjuna am meisten, aber erst als ihr Leben zu Ende
geht, wird ihr klar, dass Arjuna für sie nichts empfin-

det, sondern dass Bhîma derjenige ist, der sie am meisten geliebt hat.

Sie führt ein unglückliches Leben. Erst heiratet sie fünf Männer, dann wird sie von einem ihrer Männer im Spiel als Einsatz verwendet – und sie verliert dabei beinahe ihre Würde. Schließlich erobert sie für ihre Männer die Freiheit zurück, aber nur um zu erleben, wie diese Freiheit wieder verspielt wird. Nun muss sie elendiglich im Wald leben – ohne Möglichkeit, sich an den Leuten zu rächen, die sie beleidigt haben. Ashvatthâman zündet das Lager der Pândavas an, und Draupadî verliert ihre fünf Söhne. Ihr letztes Unglück besteht darin, aus dem Munde Yudhishthiras zu hören, dass ihre einzige Verfehlung darin bestanden habe, dass sie Arjuna den anderen Männern vorgezogen hat. Ich finde, sie hat überhaupt keinen Fehler gemacht.

Eine andere Figur, die mich besonders interessiert, ist Krishna. Er ist für mich sehr vielschichtig. Ihm geht es wahrscheinlich vor allem darum, ein Vasudîva zu sein. In jenen Zeiten war ‹Vasudîva› der Titel eines Mannes, der über Befehlsgewalt verfügt und dem Respekt erwiesen wird, der ein großes Königreich besitzt und viele Frauen. Krishnas Vater war zu seiner Zeit einer, und wahrscheinlich will Krishna in dessen Fußstapfen treten.

Einige von Krishnas Taten sind sehr schwer zu verstehen. Warum hat er während der Ermordung von Jayadratha die Sonne mit seinem Kampfdiskus bedeckt? Warum hat er Arjuna ins Ohr geflüstert, er solle Karna töten, als Karna sein Wagenrad aus dem Boden zieht? Für einen Kshatriya aus jener Zeit sind das Verfehlungen. – Und wer ist es, der Ghatôtkachas Tod bejubelt und der, statt über das Schicksal von Abhimanyu zu weinen, Arjuna beschimpft, weil der geschworen hat, den Tod seines Sohnes zu rächen? Das ist Krishna. Aber ohne Krishna hätte es wahrscheinlich kein Mahâbhârata gegeben, jedenfalls nicht so eines, wie es uns heute vorliegt.

In Teil zwei werden die dreizehn Jahre beschrieben, die die Pândavas in der Verbannung verbracht haben, der Kurukshêtra-Krieg und am Schluss die letzte Reise der Pândavas. Es kommen mehr Personen vor als im ersten Teil, und ich fand es schwierig, sie zusammenzubringen. Manchmal bin ich sehr knapp, zum Beispiel bei der Beschreibung der ersten neun Tage des Krieges. Aber die letzten neun Tage in Kurukshêtra stelle ich in allen Einzelheiten dar. Das liegt daran, dass die grausamen Kämpfe und die Hauptschlachten des Krieges in den letzten neun Tagen stattfinden. Bhîshmas Ratschläge für Yudhishthira, die sich auf die Kunst der Staatsführung und das ideale Königtum beziehen, mögen für Politiker interessant sein, nicht aber für Kinder und Jugendliche, finde ich.

Die Moral des Mahâbhârata ist: Niemand ist vollkommen, und all das, was man erstrebt, mag am Ende wertlos sein. Uns aber wird gesagt, wir müssten unsere Pflicht tun. Für mein Gefühl hat die wirkliche Aussage des Mahâbhârata etwas mit Krieg zu tun. Sie besagt, dass Krieg sinnlos ist. Obwohl diese Botschaft von Generation zu Generation, von Jahrhundert zu Jahrhundert weitergetragen wird, findet sie keine Beachtung. In unserem Jahrhundert haben wir zu viele Kriege geführt und wir führen sie weiterhin. Diese Kriege bringen Trauer, Armut, Dürre und Hungersnot. Zerstören wir uns nicht selbst? Ich meine, dass jede Tat, die in der Gegenwart begangen wird, in der Zukunft tausendfach schwerer wiegt. Die Geschichten des Mahâbhârata zeigen das deutlich.

Es hat mir Freude gemacht, dieses Buch zu schreiben und zu illustrieren. Beim zweiten Teil des Mahâbhârata habe ich sogar das Gefühl, dass mein Zeichenstil besser und die Figuren ausdrucksstärker geworden sind als in Teil eins. Ich habe Talkumpuder, Parfüm oder ein Bücherregal hinzugefügt. Ich glaube, wenn ein Kind Dinge sieht, die es aus dem Alltagsleben kennt, kann es die Bilder besser verstehen.

Wenn Leserinnen oder Leser eine Frage haben, können sie mir, c/o Tara Publishing (Tara Publishing, 20/GA Shoreham, 5th Avenue, Besant Nagar, Madras 600 090, Indien) schreiben. Ich selber wollte immer an Autorinnen oder Autoren schreiben, habe aber in ihren Büchern nie ihre Adressen gefunden.

Ich danke meiner Mutter sowie Gita Wolf, V. Geetha, C. Arumugam, Gita Gopalakrishnan und Saraswathi Ananth, die mir bei meinem Mahâbhârata geholfen haben.

Samhita Arni
Madras, August 1996

Glossar

Ashram: Einsiedelei eines Weisen

Brahmanen: Angehöriger der ersten der vier indischen Kasten. In alter Zeit waren die Brahmanen Lehrer oder Priester. Ihr Leben gliederte sich in vier Abschnitte: 1. Brahmachâri (Schülerleben), 2. Grihastha (weltliches Leben), 3. Vanaprastha (Leben im Walde, in der Einsamkeit, frei von allen weltlichen Pflichten), 4. Sannyâsa (Leben im Gebet, frei von aller irdischen Gebundenheit). Ein Sannyâsin war schon vor seinem Tode von allem Irdischen völlig losgelöst.)

Châkra: Kampfdiskus oder Kriegsdiskus. Runde Scheibe mit scharfen Rändern

Châkra-Vyuha: Diskus- oder Radschlachtordnung, die berühmteste aller Schlachtordnungen

Dharma: Pflichterfüllung auf religiöser Grundlage

Gandharvas: Wald-Elfen, himmlische Sänger

Guru: Weiser, aber auch Lehrer, der mit Ehrfurcht umgeben ist

Hanuman: der Sohn von Vâyu, dem Gott des Windes, und daher Halbbruder von Bhîma, Figur (Affe) aus dem Râmâyana (zweites wichtiges Epos Indiens)

Heereseinheit: Hier besteht sie aus Pferden, Wagen, Elefanten und 109350 Kriegern

Kshatriya: Angehöriger der zweiten Kaste, der Kaste der Krieger oder Beschützer

Mantra: wirkungsvoller Spruch, Zauberspruch

Samshaptakas: Selbstmordtruppen

Sannyâsin: siehe Brahmanen

Sari: ein etwa 6 Meter langes und ein Meter breites Tuch, das die indischen Frauen tragen. Sie wickeln es auf verschiedene Art und Weise kunstvoll um ihren Körper

Shûdra: Angehöriger der untersten Kaste, zu der Handwerker, Ackerbauer und Leute gehören, die niedere Arbeit verrichten

Sûtaputra: der Sohn eines Wagenlenkers, hier als Beleidigung gebraucht

Vaishyas: Angehöriger der dritten Kaste; zu ihr zählen die Händler und Kaufleute

Vasus: himmlische Wesen, die die Natur verehren

Vishvarûpa: Kosmische, göttliche Form von Vishnu
«An Vishnus Füßen verbeugten sich die Shûdras, an seinen Knien die Vaishyas. Die Kshatriyas verbeugten sich in der Höhe von Vishnus Hüfte und die Brahmanen an seiner Brust.» – In diesem Satz ist die Aufteilung der alten indischen Kastenordnung enthalten: zuunterst (an den Füßen) befinden sich die Shûdras, die Unberührbaren, an den Knien (auf der nächsten Stufe) die Vaishyas, die Händler, in der Höhe der Hüfte die Kshatriyas (die Krieger) und zuoberst, auf Brusthöhe, die Brahmanen (die Priester).

Yâdava: Angehöriger des Stammes von Krishna und Balarâma

Aussprache: c wird wie tsch, j wie dsch, sh wie sch, v wie w gesprochen. Die Vokale â, ê, î, ô, û werden lang gezogen und betont (wie bei «Vater»)

Inhalt

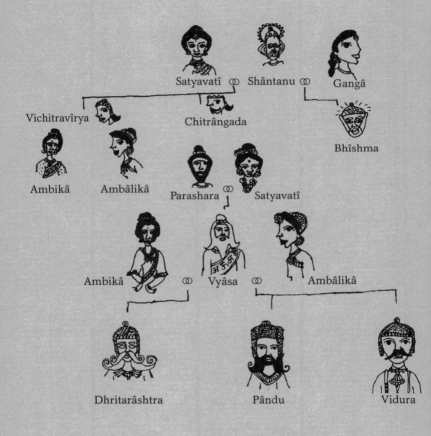